金融机构
舆情管理纵横谈

张忠宁◎著

中国金融出版社

责任编辑：刘　钊
责任校对：刘　明
责任印制：丁淮宾

图书在版编目（CIP）数据

金融机构舆情管理纵横谈／张忠宁著．—北京：中国金融出版
社，2022.8
ISBN 978-7-5220-1686-3

Ⅰ．①金…　Ⅱ．①张…　Ⅲ．①金融机构—舆论—管理—研
究—中国　Ⅳ．①F832.3

中国版本图书馆 CIP 数据核字（2022）第 119133 号

金融机构舆情管理纵横谈
JINRONG JIGOU YUQING GUANLI ZONGHENG TAN

出版
发行　**中国金融出版社**

社址　北京市丰台区益泽路 2 号
市场开发部　（010）66024766，63805472，63439533（传真）
网 上 书 店　www.cfph.cn
　　　　　　（010）66024766，63372837（传真）
读者服务部　（010）66070833，62568380
邮编　100071
经销　新华书店
印刷　北京九州迅驰传媒文化有限公司
尺寸　148 毫米×210 毫米
印张　5.375
字数　100 千
版次　2022 年 8 月第 1 版
印次　2024 年 8 月第 2 次印刷
定价　68.00 元
ISBN 978-7-5220-1686-3
如出现印装错误本社负责调换　联系电话（010）63263947

目　录

第一章

声誉
"有力量"

2021年2月18日，农历牛年上班的第一天，中国银保监会印发了《银行保险机构声誉风险管理办法（试行）》（以下简称《办法》）。一般来说，春节上班第一份签发的文件，往往具有特别不寻常的意义。最典型的如中央的"一号文件"，连续多年的"一号文件"都是关于农业、农村、农民方面的，显示了党中央对"三农"问题的高度重视。《办法》的出台，宣示了金融监管部门对新形势下银行保险业的声誉风险管理极为关注。《办法》在银行保险机构中引起强烈反响，不少新的表述、新的要求令金融行业感到耳目一新、十分必要。在此推动下，对声誉风险管理的研究工作也大大增强。

　　监管部门的意图是，通过建立健全中国特色银行保险机构声誉风险管理体系，为推动银行保险机构完善声誉风险管理、加强公司治理、实现科学稳健发展、防范化解金融风险提供坚强保证。这项制度明确提出了构建声誉风险管理体系和制度的初衷和目的。据了解，各个银行保险机构都把《办法》当作十分重要的监管制度，认真组织学习和研讨，制定出了实施细则，明确了责任，划分出了层级和目标。很多专业人士还发表文章，对《办法》进行更加深入的剖析和解读。

　　那么，声誉、声誉风险、声誉风险管理，到底是一些什么样的概念呢？为什么它们会引发银行保险机构这么强烈的重视呢？

　　说起"声誉"，顾名思义，是指声望名誉的意思。这个词早就散见于古文典籍之中了。《史记·三王世家》里有"'臣不作福'者，勿使行财币，厚赏赐，以立声誉，为四方所归也。"这里的"声誉"强调的是一种"声望"和威信，也就是今天所说的软实力，这种看不见的威慑力可见一斑。唐朝骆宾王《答员半千书》说："而欲图侥幸于权重之交，养声誉于众多之口。"这里的声誉更侧重表达身价资本，属于个人的隐形财富。清朝唐孙华《送吴振西北游》诗曰："望实如君真不愧，即看声誉动公卿。"古人用"声誉"这个词，常常指人的德操名望，本身就是一个褒义色彩很浓的词汇。即使到现代，大致也是如此。吴晗在《他们走到了它的反面》中说："他是一个新诗人，散文作家，古典文学的研究者，在社会上有很高的声誉。"秦牧《艺海拾贝·茅台、花雕瓶子》：中国有声誉卓著的"八大名酒"。这里的"声誉"，似乎更强调品牌和影响力，适用对象大大扩展了。凡此种种，不一而足。声誉在人类社会的发展中，正越来越绽放出独特的魅力。

在西方，声誉更多的是一种经济范畴的词汇，表达的是对企业组织某些行为的界定。经济学鼻祖亚当·斯密早在 1763 年就从古典经济学的角度将"声誉"定义为"契约得以实施的一种保障"，意思是如果人们做生意，就要和有声誉、有信誉的人交往。进入 21 世纪以来，国内很多经济学者研究企业声誉，并把它作为企业管理科学中的重要门类。经济管理出版社出版的《公司声誉》一书，主要阐述了声誉成为一种特殊的无形资产，在商品交易中，事前评价生产商的声誉已经逐渐形成惯例；而对服务商，其唯一能提供的就是声誉。安达信的丑闻为全世界的企业提供了深刻的教训。一个在业界具有崇高地位的公司，虽然其拥有大量的业界精英以及百年的辉煌，但是在声誉毁损后很快就陷于消亡。反之，如果公司能够一直保持良好的声誉，会带来许多意想不到的发展机遇，声誉是企业的"金字招牌"，是最有价值的宣传投入。公司声誉在企业经营中正发挥着越来越重要的作用，正如 2000 年 6 月格林斯潘在哈佛大学演讲时所说："在今天的世界，产品的经济增加值越来越体现于无形资产。因此，我们需要加强公司声誉的研究。"

我们理解，声誉具有人类和社会组织自我纪律、自我约束的外部性特征，是意识决定行为后的结果，它一般具有正向、软实力和无形资本特性。这些都与银行保险行业的诚实守信、重承诺和重信用高度契合。声誉，是金融业的"天然生命线"。

声誉风险，被认为是现代市场要素的"无形要素"之首。在金融市场中，声誉风险在风险管理中具有很重要的意义，良好的声誉是一家金融机构多年积累的重要资源，是其生存的基础，是保持良好的投资者关系、客户关系和信用关系的重要保证。那么声誉风险是什么？2009年，中国银监会在有关文件中将其概括为：声誉风险指的是由商业银行经营、管理等其他行为或外部事件所产生的利益相关方面对商业银行做出评价的风险。相比较而言，在国际上，美国金融监管当局将声誉视为风险评估的重要组成部分，要求监管机构对银行声誉进行有效评估，并指出声誉风险是监管机构在风险评估中必须考虑的基本指标。可见，中外概念殊途同归。声誉风险不同于其他金融风险，一般情形下它很难直接计量，也很难与其他风险分开并独立处理。良好的声誉风险管理在提高商业银行的盈利能力、增强竞争优势和实现长期战略目标等方面发挥着重要作用。

产生声誉风险的原因相当复杂，有可能是单一的风险因素作用的结果，也可能是金融机构内部和外部风险因素合并作用所引发了严重的声誉风险。在现实中，声誉风险的发生具有叠加效应和偶发效应，任何预判和前瞻都具有不确定性。但从概率上来说，有些领域有高风险点。比如民事诉讼类声誉风险，发生源头为商业银行未能履行其义务，给客户造成损失，主要集中在冒用存款和盗窃信用卡等领域，如果民事诉讼类案件频发，那么此类声誉风险，往往使金融机构在消费者面前不得不戴上"不懂法、不守法"的帽子，留下不光彩的社会形象。再比如消费者权益保护类声誉风险，很多表现为零售柜台业务投诉所引起与客户的误解或纠纷。这类声誉风险事件给公众留下的印象是金融机构"蛮不讲理"，只会用"霸王条款"，简直是"店大欺客"，导致社会对金融机构的印象不佳。其他还有以下几种类型：一是涉金融犯罪类。商业银行的金融犯罪会使公众怀疑银行的商业管理能力，从而损害银行的声誉。二是监管处罚类。金融机构因违反监管法律法规被银保监会、人民银行等监管机构给予行政处罚或因违反财务管理法律法规被审计、税务、工商行政管理等部门给予其他经济法规的处罚，上述处罚所产生的社会影响，很容易造成公众负面评价。三是涉评级类。权威评级机构在市场中占有特殊地位，其评级结果影响巨大，所以一旦银行的评级下调，可能会导致市场投资者和公众的负面猜测，从而引发银行的声誉风险。四是涉谣言类。市场传言有时会对商业银行的经营管理产生致命的影响，尤其是在金融危机蔓延阶段，市场上任何不利甚至荒谬的传言都可能导致"挤兑银行"。上述分类是十几年前原银监会制定相关指引时的分类，时至今日，行业发展已发生较大变化，随之声誉风险的形态也在"推陈出新"，后文会对此做进一步介绍。

引进"声誉"这一概念，提示金融机构应当重视社会形象、网络形象、民众口碑，遵守行业规则、监管法则，树立自律精神，主动承担社会责任和义务，树立自己"好企业"的形象。尤其是运用国外金融监管的理念，结合中国金融行业文化特色，运用更加规范化、制度化的方法，使这种对声誉的规范更加系统科学，进而衍生出管理方案，由表及里，由内而外，使得"声誉"成为通行世界各地金融监管的"世界语"。

第二章 ———————————————————— **声誉风险
何处来？**

　　国际通行的银行监管规则《巴塞尔新资本协议》明确将声誉风险列为第二支柱，成为商业银行的八大风险（信用风险、市场风险、操作风险、流动性风险、国别风险、法律风险、声誉风险、战略风险）之一，并指出银行应将声誉风险纳入风险管理的全流程中。《办法》开宗明义明确了其法规依据，即《中华人民共和国银行业监督管理法》（以下简称《银行业监督管理法》）、《中华人民共和国商业银行法》（以下简称《商业银行法》）、《中华人民共和国保险法》（以下简称《保险法》）、《中华人民共和国信托法》（以下简称《信托法》）四部金融行业基本法律。

实事求是地说，截至目前，"声誉"及"声誉风险"的字眼，还没有出现在上述基本法律法规的文字表述之中。近来在对《银行业监督管理法》和《商业银行法》征求意见过程中，不少专家学者已经呼吁将声誉和声誉风险写进新法。《办法》以四部法规为依据的原因：一方面，上述法律内涵所反映的机构风险、行业状态、市场秩序、依法合规等条款都有加强声誉风险管理的必要，比如在《银行业监督管理法》中，有这样的表述："银行业监督管理的目标是促进银行业的合法、稳健运行，维护公众对银行业的信心。"这就阐明了银行业监管机构的工作目标，在此项下以树立"公众信心"为最大特征的声誉风险管理，自然是题中应有之义。《保险法》第一百一十六条规定不得"以捏造、散布虚假事实等方式损害竞争对手的商业信誉，或者以其他不正当竞争行为扰乱保险市场秩序"。在现实中，确有个别机构、个别从业人员造谣生事，相互拆台，恶意攻击，造成保险机构面临声誉风险。2009 年，银监会制定的《商业银行声誉风险管理指引》和 2014 年保监会制定的《保险公司声誉风险管理指引》，都有表达严禁行业相互诋毁导致声誉风险事件的内容在里面。两项制度的出台，也都有针对个别金融机构相互攻击、彼此诋毁的现实背景。另一方面，声誉风险与商业银行、保险公司、信托公司基本的经营行为紧密相关，涵盖所有金融机构，是对金融行业基本法律的有效维护。因此，"声誉"可以理解为金融机构经营行为的"名片"，声誉风险是金融机构管控风险、保障基本运行的重要方面。所以，制定《办法》，是以行业基本法为指导，更是对行业基本法的积极有效维护和施行，是行业基本法在具体领域内的具体实践。

关于《办法》所涵盖的金融机构范围，文件开头就说明："办法所称银行保险机构，是指在中华人民共和国境内依法设立的中资商业银行、中外合资银行、外商独资银行、信托公司、保险集团（控股）公司、保险公司。"同时第二十九条规定："银保监会及其派出机构批准设立的其他金融机构参照本办法执行，省级农村信用社联合社可参照本办法制定本省（区）农合机构声誉风险管理制度。"这些表述显示《办法》涵盖了所有持牌金融机构。实际上，声誉风险，绝不是只发生在大银行、大保险公司，相反，一些规模较小、业务量不大、知名度不高、市场影响有限的非银行金融机构、保险中介机构等发生的事件，却可以成为波及范围广、影响程度很深的声誉风险事件。2013年上半年上海保险业发生的轰动一时的"泛鑫事件"就是如此。一家中介业务收入4.8亿元的保险代理公司，违法违规截留保费竟达到5亿元，令监管部门震惊，社会各方面难以置信。一时间，质疑保险行业安全稳健的声音不绝于耳，形成巨大行业风险事件。因为截留保费、"庞氏骗局"、美女老总、携款外逃等字眼，泛鑫保险代理公司成为当时轰动全国的舆情事件的焦点机构，其所造成的声誉风险几乎淹没了整个保险行业。在此事件之后的若干年内，泛鑫事件仍然时不时被提起，保险业可信、安全的形象遭致前所未有的损害。

《办法》第二条称：本办法所称声誉风险，是指由银行保险机构行为、从业人员行为或外部事件等，导致利益相关方、社会公众、媒体等对银行保险机构形成负面评价，从而损害其品牌价值，不利于其正常经营，甚至影响到市场稳定和社会稳定的风险。

这里需要注意，首先这个定义是目前为止国内外唯一一个官方的关于声誉风险的定义。这个定义，包含了十分丰富的内涵。一是指出了声誉风险事件发生的源头有三个方面，即机构行为、从业人员行为和外部事件。关于源头的概括是基于对近年来发生的多起声誉风险事件，产生原因大多不外乎上述三个方面，揭示了实践中发现的最容易出现声誉风险的领域、环节和方面。这个表述，改变了以前关于声誉风险发生源头的肤浅认识，使得此类研究更加具有开阔的视野，也对相关具体工作人员给予很好的指导。比如，一些银行保险机构经营不当所产生的声誉事件，就属于"机构行为"类；某些金融高管违法犯罪所导致的声誉风险，属于"从业人员行为"类；而类似于因新冠肺炎疫情导致的中国银行"原油宝"事件，即属于"外部事件"类。当然，一起声誉事件往往是各种诱因的综合体，很难绝对地进行划分。二是指出了形成声誉风险事件的社会群体，即利益相关方、社会公众、媒体。进一步分类，利益相关方属于网络上的"涉利益群体"，后两个属于"非利益群体"，在实际事件中，非利益群体不但数量远远大于涉利益群体，更成为声誉风险事件中的主要力量。舆情是一种态度、情绪，网民产生情绪、表明态度，并非来自现实生活的利益纠葛，绝大部分是与自身价值观认同和情感表达有关。三是指出了声誉风险影响所涉及的四个方面，即品牌价值、正常经营、市场稳定和社会稳定。从目前发生的声誉风险事件看，这四个方面不是割裂的，而是紧密联系的，尤其是金融机构风险所具有的外溢性特征，进一步加剧了声誉风险的外溢性、传染性。近年来发生的一些地域性中小银行挤兑事件，其源头就是因谣言而起的舆情事件，表现出了声誉风险的典型特征。大部分事件是由于机构高管人员涉违法犯罪，引发社会谣言丛生，致使广大民众对金融机构产生信任危机，导致群体性挤兑，对这些机构和当地金融市场都产生较大影响。在处置这些风险事件过程中，金融管理部门和当地政府共同努力，确保了社会稳定和基本的金融秩序。

《办法》明确，声誉事件是指引发银行保险机构声誉明显受损的相关行为或活动。一般来讲，在各类声誉事件中，舆情事件成为主要和重要的方面。各金融机构做好声誉风险管理，要花大部分精力做好各类舆情事件的处置。在网络时代极其发展的今天，脱离网络发酵的声誉风险事件越来越少。

声誉、声誉风险、声誉风险事件、声誉风险管理，一个个新名词逐渐被金融行业所熟悉。近年来，金融行业对声誉的研究和运用越来越深入和系统，对机构的指导也越来越明晰和有效。十几年来，金融监管部门出台了相应的指导文件，对声誉风险管理进行了有益、有效的探索。比如，2009 年银监会制定了《商业银行声誉风险管理指引》，2014 年保监会印发了《保险公司声誉风险管理指引》。两个部门都以此为依据，全面开展了声誉风险的日常监测、制度建立、成效考核、人员培训和重大风险事件的具体指导。这些实践非常有意义。到今天，其所带来的变化是十分显著的。

一是声誉风险的概念牢固树立。如今对金融机构而言，声誉风险已经成了重要的监管项目，如果有负面舆情发生，机构高层和宣传干部会马上想到声誉风险问题，并立即启动声誉风险管理程序以及预案，包括向监管部门报告、制定应对口径等。有人说宣传品牌战线的干部是流水的兵，变动大，但就声誉风险管理来说，因为监管部门抓得比较实，不管谁接续做这项工作，都会非常重视，不敢懈怠。二是出现风险苗头后的基本套路比较正确。大部分机构能够按照相应的规定启动预案并组织实施。有的还可以主动探索一些很好的应对措施，比如及时发声、内容通俗、态度坦诚、形式多样等。以集团为代表的一些机构充分运用新闻发言人的形式，取得了很好的管理效果。三是相互诋毁、拆台、攻击的现象得到根治，基本杜绝了行业内部相互踩踏的现象。四是金融机构的整体形象不断向好，在金融机构近年来承担社会责任日益繁重、高管人员违法犯罪率趋高和经营风险加大的情况下，保持当下的形势实属不易。

声誉风险管理的概念和规则，也逐渐被其他金融行业所接受。2021年10月，为完善证券公司全面风险管理体系，防范证券从业人员道德风险，推动建立行业声誉约束机制，维护证券行业形象和市场稳定，在中国证监会指导下，中国证券业协会制定并发布了《证券公司声誉风险管理指引》，指导证券公司加强声誉风险管理。中国证券业协会在介绍其实施背景时指出，2008年国际金融危机后，声誉风险管理逐渐成为金融机构风险管理体系的重要组成部分。2016年12月，中国证券业协会发布《证券公司全面风险管理规范》，首次将声誉风险纳入全面风险管理体系，从总体框架上对证券公司开展声誉风险管理提出基本要求。

《证券公司声誉风险管理指引》的制定理念符合国内外对金融机构风险管理的趋势和要求，在声誉风险的基本定义和监管重点等方面与银保监会 2021 年发布的《办法》的相关规定基本一致。

第三章

声誉
"千里眼"

《西游记》中，孙行者生就了"千里眼"，十万八千里外的小虫子都能看得一清二楚。现实社会里没有孙大圣，但是管理声誉风险这件事，如同这位神通广大的孙大圣一样，需要用好"千里眼"，具有鲜明的前瞻性特征。

前瞻性，是声誉风险管理的第一特征。

《办法》第三条指出，银行保险机构声誉风险管理应遵循以下基本原则，排在最前面的就是前瞻性原则："银行保险机构应坚持预防为主的声誉风险管理理念，加强研究，防控源头，定期对声誉风险管理情况及潜在风险进行审视，提升声誉风险管理预见性。"

声誉风险管理的前瞻性，主要包含以下几个意思：

一是产生声誉风险的主观意识，具有比较大的能动性。换句话说，意识决定行为，思想指挥行动，提高预见性，就能生发能动性。思想上如果十分重视声誉，小心声誉风险，那么就会生成比较强的主观能动性，就能下好"先手棋"。自 2009 年以来，金融监管部门陆续引入"声誉风险"的概念，首先就是努力提高全行业的思想认识，强化声誉意识，接受声誉管理理念，真正把握好这一理念所具有的风险管理前瞻性等特征，提高风险预警和识别能力。考察近年来一些金融机构的声誉风险事件，追根溯源无不留下思想重视不够的烙印。这从反面印证了提高主观能动性的重要性。如企业经营行为不规范，过度追求销售利润，忽视依法合规，最可能产生的后果就是遭受监管处罚的情形越来越多、受到的处罚越来越重。而监管处罚所带来的声誉风险恶化，应该是机构经营管理者心知肚明的，也应该是可以预见和掌控的。这种行为逻辑关系的起点和终点，对机构来说并非无法预测和研判，而是完全可以从经营行为的合规性前端下功夫，杜绝隐患，防患于未然，因此"前瞻性"特征提醒行业各机构务必提高声誉风险管理的主观能动性。

二是加强各类风险管理，具有很强的规律性和自觉性。声誉风险是一种拖后型风险形态，常常表现为其他风险因子的最后宿果。所以在《办法》正文里，提出了"防控源头，定期对声誉风险管理情况及潜在风险进行审视"的工作要求，就是要发挥主动性，兼顾声誉风险演化的规律性，将声誉风险消灭在萌芽状态。本书后面还会介绍，在防控源头方面，要尊重声誉形成的基本规律，关注产生声誉风险的一些领域和方面，比如股东关系、员工行为、信访投诉等。可以把这些工作称为"排雷"，要会主动去发现"引爆点"，努力降低"可燃性"。要注意工作技巧，学会管控矛盾和分歧，特别是在处理网络舆情时，必须做到网思网想、网来网去，将化解现实矛盾与遵循网络传播规律有机结合起来。

三是落实好"前瞻性"，务必形成常态化机制。落实前瞻性的要求，首先要做到日常舆情的积累和数据的规律分析。目前，大部分金融机构都有自己的舆情公司，可以常态化提供各种数据监测，这是前瞻性的基础性工作。需要提醒的是，各机构要会研究舆情监测的各种信息和数据，特别是要会看舆情发展趋势图以及正面、负面和中性报道曲线图。看图，应当成为专业声誉风险管理人员必备的专业能力。

图3-1和图3-2为某舆情事件发展过程的未干预和干预后的走势图。

篇数

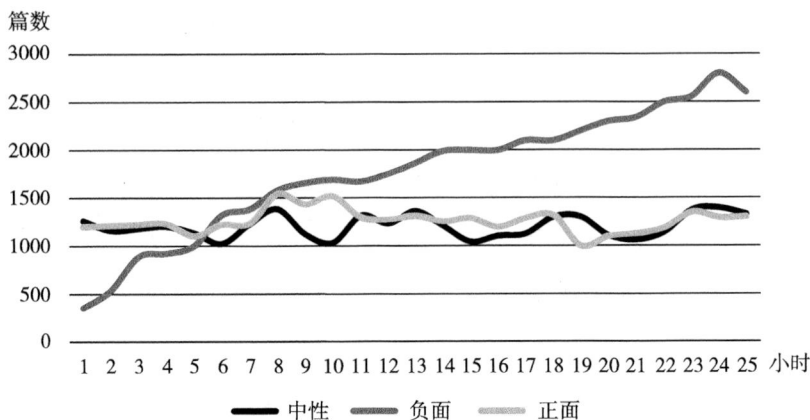

图 3-1 负面舆情走势图（未干预）

篇数

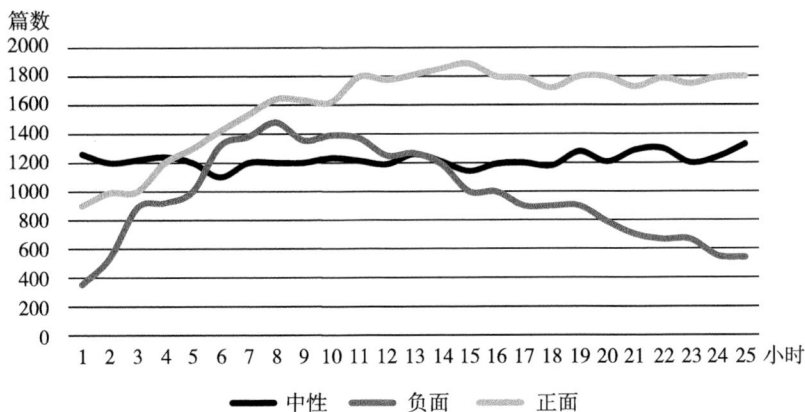

图 3-2 负面舆情走势图（干预后）

这两张图代表了对待声誉风险演变的两种态度。图 3-1 是未干预的状况，可以看到负面曲线毫无阻拦地持续上扬，表明舆情不断趋于失控和炽热化，声誉风险烈度加大加强；正面报道曲线没有有力的支持，没有走高的动力，呈现毫无起色的波动；中性曲线不温不火，受到负面的压制和遏制。这张图客观反映了未加干预情形下，声誉风险会不断恶化的客观规律。图3-2是干预后的状态，正面信息持续走高，有效抑制了负面舆情。比较两图不难发现，是否有效管理，是控制声誉风险的根本。而做到有效管理，只有并且必须建立常态化的管理机制。

哪些前瞻性苗头会引发舆情风险，进而形成声誉风险事件呢？一是因金融机构管理层内部矛盾激化或高管人员刑事犯罪，演变形成"头部舆情事件"。近年来，头部舆情事件话题，成为声誉风险的"重灾区"。过去一些保险机构的股东之间因为权力分配产生严重冲突，近年来一些股份制银行股东之间也有矛盾，特别是引发这种矛盾的原因是大股东试图把银行当成"提款机"。二是金融机构销售中出现产品误导、宣传信息错误、客户适当性不足等问题引发的舆情，此类涉及消费者保护的舆情事件数量虽多，但最终酿成重大舆情的情况一般还要有"引爆点"出现，个别情况下，会导致相关纠纷升级为法律维权、诉讼或上升到性别、地域、职业歧视等层面。此类事件往往是构成声誉风险最主要的事件，长期累积叠加，在行业内或者在社会上会慢慢形成固化的负面形象。三是金融业部分过时、不合理的政策法规、条款、程序等导致负面舆情。比如，某银行客户为母亲取款时，就遭遇了证明"我妈是我妈"的困境；保险机构也有类似的舆情事件，客户办理理赔时，保险公司要求对方出具雷雨冰雪大风等恶劣天气证明来自证保险理赔的合理性。四是金融业服务对象广泛，往往涉及知名人士、知名机构或涉及外事、民族宗教等特殊或敏感领域，易于诱发舆情事件。比如，某银行与某脱口秀演员之间的纠纷，就因该演员在微博中传播与金融机构的纠纷而广为各界关注。五是涉及事件冲突显著具有戏剧性。当前，中国加速步入老龄化社会，"十四五"期间预计60周岁以上老年人占比将达到20%。一些骗子利用老年人需要陪伴的心理诉求乘虚而入，通过花言巧语，让老年人购买所谓的"冻结资产"和超出自身风险承受能力的投资型、理财型金融产品。这些事情有一定的故事性，存在着矛盾冲突，容易网络传播，进而波及金融业。六是相对而言，金融业从业人员的不当言论、行为等也容易成为舆情爆发点。近几年，不少发生在金融业的舆情事件，就是因为部分员工的行为不检点，甚至违反公序良俗而造成的。

从监管部门来看，因为银行与百姓工作生活息息相关，从储蓄利率到营业服务，几乎每项监管政策调整都会牵动大众和社会神经。若出台的监管政策、采取的措施考虑不周，就会陷入负面舆论的旋涡之中。比如，在政策制定中未能将未成年人、打工人群、流动人口、失智失聪失能等特殊群体的需求考虑进去，或没有全面考虑其生理、心理特点，就会造成政策的普适性不够。因此，每当出台事关百姓切身利益的监管政策时，应提前预判、评估可能产生的舆论影响。另外，成为金融监管部门重点关注对象的金融机构也可能引发新舆情。比如，某类银行机构在高管犯罪、化解地方债务等方面存在一定风险或因谣言造成挤兑事件等。此外，监管系统的反腐案件、因媒体报道不准确甚至错误等造成的市场波动、干部变动与任命、监管系统工作人员的言行及作风等细节都是舆情敏感点。

需要注意的是，舆情事件会形成声誉风险，对于那些尚没有爆发舆情的一些行为、评价（评级）、口碑、传播、信息等，也不可忽视，应当像对待网络舆情一样对其进行认真研究和积极管理。

第四章　　声誉风险
"大小通吃"

　　《办法》提出了声誉风险管理的"匹配性原则"。这个原则，不啻为声誉风险管理的"金钥匙"，一把钥匙开一把锁。

　　在匹配性原则指导下，银行保险机构应进行多层次、差异化的声誉风险管理，与自身规模、经营状况、风险状况及系统重要性相匹配相协调，并结合外部环境和内部管理变化适时调整。

　　匹配性，是指导银行保险机构观照现实，采取务实科学的态度做好声誉风险管理的基础。声誉风险管理虽然来自西方经济学范畴，但是绝非高不可攀的奢侈品，不是什么高大上。各种规模不同、经营水平不同、风险不同的金融机构都可以执行自己的声誉风险管理方案，实现自己的舆情管理目标。截至 2022 年初，全国银行保险机构共有 5000 余家，形态各异，规模迥然，经营管理水平也不尽相同。但是，对所有机构来说，都完全有必要落实好声誉风险管理责任。

匹配性，强调了声誉风险的差异化，简洁地说是适当性匹配。同一金融经营形态、规模不同，声誉风险有什么不同呢？大致有三个方面：一是社会关注范围的差异，表现在社会知名度的高低。同一种声誉事件，因为规模不同，关心群体就会有很大差别。比如，食品卫生方面出现了问题，如果是一个规模很大、享誉全国的食品企业，那就会出现很严重的声誉风险问题。当年石家庄三鹿集团拥有"国家免检产品""中国名牌产品""中国驰名商标"等多项殊荣，奶粉产销量连续十五年位居全国第一。然而，这样的企业却爆出了生产的乳品包含有毒物质三聚氰胺的事件，导致全国 6244 名婴幼儿患病，158 名发生肾衰竭，3 名死亡。发生在行业领头羊位置上的三鹿乳业，其声誉风险事件如同极具威力的炸弹，将所有乳品企业、行业乃至食品行业牵连在内，即使十多年后的今天，仍然不为社会忘记，成为乳品行业永远的疤痕。所以，在指导金融机构声誉风险工作时，一定要把大型金融机构作为工作重点，使之建章立制，完善运作，确保不发生重大声誉风险事件，这是银保监会的使命所系。同时，也要全面推进中小机构的声誉风险防范，防止"小风险"破防而成为"大事件"。2022年4月份以来发生在河南、安徽部分村镇银行取款难事件，虽然涉及很少的机构，总资产也很少，但因为背后大股东、实控人犯罪性质十分恶劣，所产生的舆情影响十分广泛，对整个农村金融机构的声誉风险影响极大。二是信访投诉往往是声誉风险最明显的"晴雨表"。如果长期上访问题得不到解决，上访人就可能会将从上访升级成"上网"，在网上披露大量的投诉材料。这正是信访工作与声誉风险管理工作密切联系的缘由。假如以机构业务收入为分母，信访投诉量为分子，所得到的比例蕴含着这样一个道理：结果数值越高，说明声誉风险越高。原中国保监会在落实声誉风险管理时，以每年信访投诉的总量作为评估因子，将其加入声誉风险管理的总排序评估之中。在施行过程中发现，因为规模不一样，单纯的信访投诉数量仅代表机构法人主体的前后排名，难以体现风险烈度。有些专家和机构强烈呼吁以万元保费的信访投诉比例作为数据因子。后来因为机构改革，这项探索也就没有开始，算是过往声誉风险管理工作中一个未完成的课题。三是消费者口口相传，会表现为量变向质变的转化。小规模消费者群体，其口碑往往比较客观和理性；大规模消费者口口相传，不仅其中的感性因素比较明显，而且外溢性、夸张性、非理性也会极为显著。其他同理，不同的机构，一定会有不同的声誉风险管理特性。这是一种很有意思的社会学范畴的现象，它表明现实生活中，小规模口口相传一般情形下还是比较理性的，口碑成效明显；而在虚拟世界中，对于极其庞大的互联网网民而言，其"键盘"相传往往充溢着情绪和感性，理性因素常常被压制，甚至被忽略、被排斥、被攻击。这种规律对金融机构建立匹配性良好的声誉管理模式具有参考价值。

当初，制定《办法》时之所以提出"匹配性"，还是考虑到对不同金融机构而言，声誉风险管理的模式应紧紧适应其自身的发展现状，既不能"戴高帽""穿大鞋"，也不能因体量小而"光着脚""裸奔"。金融机构都是持牌机构，虽然牌照面前无大小，但是毕竟很多金融机构是地域性的，有的还是企业内设的机构。地域性机构中，有些是省级的，也有的是村镇一级的，难以形成有效的公司治理架构。有的法人机构的公司治理很健全，有的总部也就十几个人。与此同时，金融单位信用风险的传染性、外溢性，使得声誉风险对整个金融行业可能产生无差别影响。2018 年安邦保险被接管之后，全保险行业几乎所有保险公司都出现咨询量急剧上升的状况。2020 年包商银行被接管，一周之内受到声誉风险波及的机构涵盖了国内其他 20 多家城商行、财务公司和个别大型银行。

就单体机构而言，建立多层次的声誉风险管理体系极有必要。多层次，就是指总公司（总行）和各分支公司（行）具有各自的声誉风险管理制度。应当着重指出的是，分支机构声誉风险管理容易被忽略、被轻视，很多人觉得分支机构不必要。从近年来发生的各类声誉风险事件看，分支机构等基层组织所占的比例近一半以上。这说明分支机构基层营业组织在声誉风险方面存在薄弱环节，甚至空白点。

匹配性，是意识观念范畴，也是方法论范畴。就某个金融机构而言，判断是否达到匹配性，大致有以下几条衡量标准。一是舆情监测能够保持一定的频度，使得机构各级负责人能够及时关注各种舆情苗头、声誉风险事件的发生。其中所提的频度很重要，可以是每数个小时、每天、每数日、每周、每月，这种频度要符合机构舆情变化的量和规模。二是相关专业人员保持一定的稳定性，工作机制比较健全，经费投入基本满足需要。对大部分机构来说，设立专业岗是必要的，专人专责，基本可以满足需要。但是，也并非人越多越好，匹配性的要求是资源投入能够满足所承担事情的需要即可。三是对于声誉风险管理的行动应当做好充分评估，特别是不要过度应对、过激反应、过分公关，避免因这种"重视过度"而产生意外风险事件。

这类过度现象大概包括以下几种情况：一是过度依赖信息管控。虽然近年来各个机构不断大力推进舆情引导能力建设，可是一旦发生舆情事件，不少涉事机构仍然习惯性选择退缩，宁可少说不说、少做不做。还有的涉事机构第一时间的反应就是"删、封、堵"，尤其是在舆情发酵初期就采取信息管控，试图通过当地网信部门和公安机关的协调处置，将敏感信息消灭在萌芽状态。然而事实表明，有的情况下此种方式不但于事无补，还往往成为危机放大的催化剂，尤其是在一些敏感舆情中，"404"符号已经成为刺激性标签，常常激发网民刨根问底的冲动，掀起更大的舆情骇浪。同时，部分涉事机构心态过于敏感，因害怕舆论引发的质疑造成负面影响，对于涉及关键词汇的相关信息不加甄别地进行"一网打尽"，甚至出现将监管部门的表态也一并删除的情况。当前，网民对金融舆情的参与热情比以前大大提高，在舆情处置过程中，要慎防涉事机构过多地依赖信息阻隔手段，干涉社会言论，引发不满情绪形成负面舆论风潮。二是过度使用评论功能。在信息时代的新背景下，面对舆情格局日趋复杂的形势，金融系统组建和使用自己的网络力量，在舆论场中与不良言论作斗争，对掌控舆论主导权起着关键性作用。尤其是在舆情发酵期和高热期，组织网评不仅能挖掘新闻事件的内涵，还能引导网民对新闻事件和社会问题产生更加理性客观的理解和讨论，有助于强化舆论监督和引导功能。然而，在不少事件处置过程中，部分涉事金融机构过度使用网络评论功能，造成了严重的舆论反弹。主要表现在：在舆论引导过程中，使用模式化、单一化和十分专业化的评论用语，甚至评论内容和新闻事件完全脱节，不但起不到引导作用，反而被网民指责为"水军"，让网民产生反感情绪；在不必要的情形或场景下，仍然调动大量网评力量来营造舆论盛况，个别案例中还出现大量简单复制粘贴的评论用语，令人啼笑皆非。实事求是地说，当前金融系统网评员队伍整体素养参差不齐，政策把握、理论水平、专业能力都有待提高，过度依赖网络评论功能将不可避免地造成金融机构形象的折损。三是过度参照标准模板。在舆情发生之后，金融机构基本上都能比较迅速地洞察监测，掌握舆情的基本情况，并开展初步调查，能够从程序上完成基本"规定动作"。然而，局面一旦恶化，不少金融机构就会呈现出手足无措的混乱状态，在处置反应上缺少足够自信，在进一步应对方面缺乏章法，甚至无所作为，等待董事长、行长、总裁、总经理的指示。这期间出现的舆情"静默期""盲期"，无疑会强化网民的焦虑心态，导致不实信息滋生，造成被动局面，加大后续舆情引导的难度。因此，金融系统只有加强舆情队伍建设，将应对能力真正内化，才能随机应变，有的放矢，临阵不乱方寸。

那么，如何建立多层次的声誉风险管理体系呢？本书后面会详尽加以阐述。

第五章　声誉风险管理无死角

在制定《办法》过程中，对于声誉风险管理的"全覆盖原则"，是制定者在数轮讨论中几乎一致提议通过的，体现了制定者、监管者多年声誉风险管理工作的真实感受。

在《办法》的描述中，银行保险机构应以公司治理为着力点，这句话成为点题的十分重要的一句话。为什么要把声誉风险管理和公司治理挂钩？不少人对此一知半解。首先，公司治理是落实声誉风险管理的牛鼻子。银行保险监管部门抓声誉风险管理最重要、最有力的抓手就是公司治理，抓住了它就如同抓住了牛鼻子。早在 2009 年，中国银监会出台的《商业银行声誉风险管理指引》中就提出"今后，如果一家银行的声誉受损，银监会也将依法进行监管"。银监会的新规要求银行要像爱惜资产质量一样爱惜自己的声誉。《商业银行声誉风险管理指引》明确要求商业银行将声誉风险管理纳入公司治理及全面风险管理体系,主动、有效地防范声誉风险和应对声誉事件。这里需要说明的是,提高声誉风险意识、加强声誉风险管理,是强化公司治理的题中应有之义。在包括银行保险机构在内的金融机构所面临的各类风险中,与公司治理目标关系最为密切相关的,莫过于声誉风险了。积极、主动、稳妥地进行声誉风险管理,是金融机构公司治理的必然要求;一个良好的公司治理机制,必然对金融机构的声誉风险管理起到积极促进作用。公司治理的目标与声誉风险管理具有统一性。积极保护利益相关者(尤其是被保险人、存款人和金融消费者)的合法权益,是金融机构声誉风险管理的必然要求。只有这样,公司治理才有可能完备;也只有这样,才有可能主动、有效地防范声誉风险和应对声誉事件,最大限度地减少对社会公众造成的损失和负面影响。其次,公司治理是金融机构比较容易发生声誉风险事件的领域,往往被称作"头部舆情"。这方面的案例屡见不鲜,还有日益严重的趋势。从当年新华人寿出现前董事长"内部人"控制现象,到近年来所谓的"股权乱象",一些金融机构高层与股东发生矛盾,严重影响机构正常经营。高管人员把金融机构当成提款机,肆意妄为,甚至产生行贿受贿等违法犯罪行为。此类负面事件，常常成为媒体和社会关注的焦点和舆论热点，公司治理的难点已成为声誉风险的高发部位。从近几年实践经验看，有关高管人员的舆情事件声誉风险管理工作较难处置，它牵扯高管人员之间的权力纷争，往往表现为机构声誉方面的问题，实质上还是公司治理出了严重的病患问题。强化公司治理的声誉风险意识，不仅仅是统领整个机构的声誉风险管理工作，更是有针对性地解决风险高发的问题，因此强化高管人员的声誉意识非常有必要。最后，声誉风险管理对推进公司治理具有特殊的作用。毫无疑问，声誉风险管理是对公司治理效果的检验和倒逼。甚至可以说，假如一家机构声誉风险比较低，相关管理做到位了，基本上可以推定其公司治理效能能够过关，治理结构基本合理，董事、监事、高管的运行机制是顺畅有效的。

《办法》提出，要将声誉风险管理纳入全面风险管理体系，覆盖各业务条线、所有分支机构和子公司，覆盖各部门、岗位、人员和产品，覆盖决策、执行和监督全部管理环节。这段话强调了声誉风险管理的全方位、全流程、全细节、全天候管理。为什么要说得这么细？最重要的原因是监管部门制定《办法》，就是向全行业传导一个理念，即声誉风险无处不在、无时不有。就业务条线而言，近年来出现了不少声誉风险事件。2006年1月20日，梁秀霞等6

位客户以其购买的"友邦守护神两全保险及重大疾病保险"合同条款存在明显欺诈内容为由，要求全额退保。理由是保险合同中关于对某些疾病的释义、定义违背了基本的医学原则，如果按照合同条款规定，在某些情况下，被保险人只有在死亡之后才能得到赔偿，重大疾病险的保险目的因此失去了价值和意义。该事件引发了媒体广泛报道，纷纷质疑此类保险产品缺乏人性常识，形成范围极广的舆情事件。这类舆情事件，虽然仅仅是人身险业务条线的事情，但是因其关联着保户的健康，使得业务领域的媒体关注演变成全社会关注的舆论热点，最终形成整个保险行业的声誉风险事件。就岗位人员而言，2021 年初，某人寿保险股份有限公司黑龙江省嫩江支公司女员工张某某一则实名举报视频登上热搜，引发社会极大关注，形成当年保险业最大一波舆情。张某某实名举报当地分支机构财务造假、销售误导和夸大收益等，起因是她与分支机构主要负责人之间发生了严重矛盾。因为双方处置分歧过程中都存在不理性冲动等行为，使得一起普通的内部员工纠纷演变成影响全国、波及行业的声誉风险事件。同样，2019 年 6 月，一则名为《实名举报山东厅级干部生活淫乱，银行资产损失近 30 亿元》的文章引发网友热议。举报者自称为济南农村商业银行副监事长，其在文章中指控时任青岛银监局党委书记、局长王某某，山东省农信社联社原副主任丁某某有严重的生活作风问题。这起谣言类的舆情事件背后有相关人员的精心操纵，使得舆情反复波澜，各个舆情爆点抓人眼球，制造了当年比较高的互联网事件点击率。直到纪检部门介入，反复调查核实，最后才水落石出，查明举报者原来是造谣者。这几起事件涉及银行保险业的产品、机构内部管理等，有的源起于鸡毛蒜皮的小事，有的呈现长期拖延状态，但在演化过程中都涉及机构经营管理的方方面面。比如保险产品的问题，就与公司战略、销售市场、客户联络以及品牌维护等密切关联。

多起声誉风险事件，启示我们务必要把声誉风险管理的触角伸进各个角落。考察近 20 年来银行保险业所经历的各种舆情事件，几乎都可以追踪到全面风险管理的各个环节当中，都可以找出业务、销售、产品、内控、合规、人员、岗位、总部和基层等各个层面的问题。

同时，《办法》提示，应防范第三方合作机构可能引发的对本机构不利的声誉风险，充分考量其他内外部风险的相关性和传染性。比如一些金融机构选择明星代言，某保险集团公司选择了国家游泳运动员孙某，后来孙某的一系列不当言行受到国内外的质疑，其阳光健美的形象也大受影响，这种负面声誉也影响到金融机构。比较典型的还有 2019 年发生在陕西西安的"奔驰女维权"事件。这个事件的核心是一位女士从西安奔驰 4S 店买了奔驰车后不久就发现漏油的问题。4S 店不承认是质量问题，只同意修理而不同意更换。在与 4S 店的交涉过程中，买车女士还透露出了 4S 店收取金融服务费的事。这个舆论点爆出后，一些媒体开始深挖，指责一些金融单位利用购车分期贷款之机，向消费者违规收取服务费。后经过金融监管部门迅速介入和调查，澄清了事实，没有让声誉风险传染到金融机构和金融行业。这说明在声誉风险管理方面，除了要关心自己的制度体系外，也要关注第三方合作机构所发生的声誉风险事件，防止其传染到金融行业来。近年来，这方面的案例不少，值得认真研究和吸取教训。

我们做个假设，假设监管部门介入不及时，"奔驰女事件"的舆论点极有可能转移到金融服务费上面来。在网民情绪比较激烈的情形下，新的舆论焦点叠加原来的奔驰车产品质量问题、售后服务"店大欺客"问题、外国大牌态度傲慢问题，就会使得舆情更趋复杂。当然，问题的妥善处理也会更加艰难。这就是全覆盖原则对金融机构的重要启示。

第六章 　声誉风险管理的
　　　　　　　　　　　　"亡羊补牢"

　　《办法》提出声誉风险管理基本原则的第四点是"有效性"。《办法》要求银行保险机构应以防控风险、有效处置、修复形象为声誉风险管理最终标准，建立科学合理、及时高效的风险防范及应对处置机制，确保能够快速响应、协同应对、高效处置声誉事件，及时修复机构受损声誉和社会形象。

　　这段话所阐述的声誉风险事件处置的一些十分重要的理念，成为本次修改的一大亮点。一是明晰了声誉风险管理的最终标准。防控风险、有效处置、修复形象这三大管理工程可谓一气呵成、环环相扣，这三个迭进实施的步骤是紧密相连、内在贯通的。同时，三者又是有效性的根本体现。通过声誉风险管理各项措施的执行，风险要防得住，舆情要控制得平稳，绝不能失控，事件发生后要及时采取措施，减轻负面信息对机构形象的损害。防控风险，是声誉风险管理的前提和基础，是实现风险管理损失最少、效率最高的关键所在。下面的各章节还会详细介绍防控风险的一些基本做法，包括风险监测、数据汇总和分析、风险发展的一般规律、网络舆情的风险特征等。当前不少金融机构存在的通病，就是不会分析和整理风险监测报告，特别是舆情报告。中国银保监会办公厅声誉风险管理处室在日常监管中，发现很多公司不重视日常监测，漏报、瞒报、错报、不报甚至根本没有监测而假报虚报，敷衍了事，这些现象长期存在，反映了个别金融机构非常不重视防控，对舆情监测工作没有抓紧抓实，更没有充分利用舆情监测数据，这些问题近年来虽有改进但没有消失，仍然是当前银行保险行业声誉风险管理主要的薄弱环节之一。有效处置，是声誉风险管理的核心战斗力所在，是检验管理能力的最重要的环节。声誉风险的处置，有基本的原则和技巧。比如对舆情风险的管理，要积极但更要谨慎回应，在通盘考虑后，寻找合适的时机、采取合适的方式应对才是明智之举；要放低身段，主动担责，以平等的身份与外界交流，并敢于承担应有的责任；要争取占领道义制高点；要依法办事，说清法理，按规矩办事；要讲究引导舆论和发布信息的技巧，舆情应对和新闻发布应有所统筹，摆布要有层次；要巧妙设置发布时机和回应平台。修复形象，是近年来声誉风险管理的新拓展、新课题，也引起越来越多专业人士的重视，正所谓"亡羊补牢，为时未晚"。不管风险事件规模大小，不管处置效果如何，任何一起声誉风险事件总是会给金融机构的形象带来一些破坏。虽然社会上一些公关公司号称可以帮助机构在声誉风险中安全度过，不受任何影响，然而事实绝非如此。所有机构在发生声誉风险之后，其品牌和信誉、声誉都会在舆论的质疑和声讨中留下深浅不一的疤痕，都会承载风险过后的品牌损坏、信誉降低，都要进行修复形象工作。形象修复是一项系统工程，务必综合施策、全方位用力。要甄别受损重点、领域、程度，突出声誉修复的针对性。比如，如果声誉事件起因于内部管理不严谨、内控制度存在漏洞，那就要在这些方面重新梳理检视，查漏补缺。要主动设定议题，积极释放机构正面相关信息，组织策划相关的活动或者行动，实现形象的二次重塑。对机构来说，甚至存在多次修复的情形。

二是对相关工作提出了科学合理、及时高效的要求。风险防范及应对处置机制，是声誉风险管理的灵魂。科学合理，就是要求风险防范机制要遵循监测规律、风险管控规律和应急处置规律。这里想着重说明一下声誉风险管理的科学性问题。所谓"科学",最重要的是要遵循新闻宣传、舆情演变和声誉风险发生的基本规律,这个基本规律就是科学的原则。这样的规律包括网言网语、网来网去、网思网想等,就是要熟悉互联网传播和网民心理的一些特点,也包括当今社会大众的心理,按照这些特点进行有效处置。及时高效,就是要快速反应,很快看到效果。中信银行每年初在全行系统上下都要制定声誉风险处置手册,手册梳理出了总行和分行各自的舆情处置流程图,划分出了两类重大声誉风险事故的一些具体表现,梳理出了重大系统性风险事件并假设了案例,归纳出了 13 个全年声誉风险点。应当说,这种梳理和分类,就形成了应急预案,能够科学合理、及时高效地落实声誉风险应对处置。

三是提出了实现声誉事件处置的三个关键要素,即快速响应、协同应对、高效处置。这里想着重谈谈"协同"。协同效果,直接影响声誉风险管理的成效。多年声誉风险管理的经验告诉我们,总部与分支机构之间、总部内部各部门之间、主管声誉风险的部门与发生事件的业务部门之间、涉事机构和政府部门以及网民之间、舆情处置部门和媒体之间等,都存在协同的问题。协同是一种理念,一些机构妄自尊大,不懂得协同的道理,一味地单打独斗、生顶硬扛,非但不能阻遏声誉风险,甚至会火上浇油,人为造成次生风险。还有一些机构内部协同很不顺畅,多头发声、乱发声，出现回应态度不一致的情形，生成二次舆情风险。这些都对风险处置极为不利。

良好的协同，体现了高水平的管理能力。回顾近些年来处置舆情风险事件比较成功的机构，大都具有一些共性：管理层非常民主，愿意倾听一线部门的工作意见，敢于承担责任，不搞一言堂、拍脑袋；董事会办公室和品宣部门积极配合，上通下达没有"肠梗阻"；各个业务条线部门认真落实品宣部门的专业意见，不搞"交通警察各管一段"；公司上下自觉严格遵守新闻发布纪律，没有杂音；分支机构积极做好消费者解释、安抚和金融服务工作，较少出现添乱的情形；公关团队和第三方合作实事求是，维护媒体关系很得体有序。

有效性原则，是对声誉风险管理工作的考核检验，是一种基本的判断和评估。中国银行在处置"原油宝"事件中不断改进处置方法，努力契合网络传播规律，积累了不少可圈可点的经验措施。一是高层沟通协调机制的建立。事件发生后，中国银行与有关方面建立了非常密切的联系，在从事件调查、研发机制完善、客户安抚、社会维稳等方面，都有非常详细的工作方案，与有关方面积极推动相关工作。这种沟通奠定了有效处置的基础。二是逐步优化舆情应对方式。从开始时突如其来、手忙脚乱、手足无措，到逐步稳定下来、应对得法，有步骤地组织跟踪及进行舆论应对，效果很快显现。舆情监测能力突出，各种数据的分析十分到位和精准，为处置工作提供了非常科学的智力支持。三是组织了有效的宣传投放和网评员队伍。在宣传投放上，注意报道内容和节奏的配合，侧重宣传中国银行支持国家重大战略、支持经济社会发展、服务民生等实实在在的成效，采访中多选取基层员工的事迹，多用鲜活的事例，发稿频率不急不缓，保持细水长流的状态。事实证明，这些措施都发挥了很好的控制舆情恶化、逐步修复百年大行形象的作用，比较好地体现了有效性原则。动员组织了高效专业的网评员队伍，实行现实体制管理与网上舆情爆点、堵点相结合，线下培训与线上实战相统一，来之能战、战之能改变。四是以中国银行历史文化作为修补声誉疤痕的良药。1912 年 1 月 24 日，孙中山先生批准，将大清银行改为中国银行，同年 2 月 5 日，中国银行在上海正式成立，自此开始了"服务社会民众、振兴民族金融"的百年征程。"原油宝"事件之后，中国银行在全系统加强百年中行文化教育，重塑中行人的信心。经过半年多的努力，中国银行的形象得到比较明显的恢复。一份市场调查显示，客户的信任度和市场占有率都得到很大提升，恢复到之前的状态，甚至更好。正所谓"不经历风雨，怎么见彩虹"。

第七章 **声誉风险管理的责任划分**

　　承担声誉风险管理主体责任的，是银行保险机构。

　　《办法》第四条规定，银行保险机构承担声誉风险管理的主体责任，中国银行保险监督管理委员会（以下简称银保监会）及其派出机构依法对银行保险机构声誉风险管理实施监管。何谓主体责任？主体责任，原本是一个具有鲜明政治色彩的用词。习近平总书记在十八届中央纪委六次全会的讲话中指出，全面从严治党是各级党组织的职责所在，各级党组织及其负责人都是责任主体，必须担负起全面从严治党的主体责任。这里提出的主体责任，指的是各级党组织要强化党建的主业意识，切实明确管党治党责任，在思想认识、责任担当、方法措施上贯彻全面从严治党要求，健全党建工作责任制，党委（党组）书记作为第一责任人，要履行好第一责任人职责。这一段叙述，阐明了"主体责任"是一个政党、组织的本业和主要职责所在，包含这个政党或者组织所应当完成的使命、承担的责任和主要的牵头职责。

随着"主体责任"这个词的广泛使用，很多领域也开始使用它来表达相关的含义，比如安全生产主体责任、意识形态主体责任、企业主体责任。2020年3月5日，交通运输部约谈滴滴公司时要求其要切实提高政治站位，全面落实企业主体责任，正视存在的问题，立即开展整改，保障司乘人员合法权益。其中使用了"企业主体责任"的提法，表示企业应当承担的义务和完成的使命。

承担银行保险声誉风险管理主体责任的，必须得是银行保险机构，尤其表现在治理架构上，要体现出不折不扣的执行力度，要以主体责任为重点健全管理体系。主要包含这么几层意思：（1）强党建。《办法》要求国有及相关金融机构要坚持以党的建设为统领，把党的领导融入声誉风险管理各个环节。（2）管机构。《办法》要求银行保险机构承担声誉风险管理的主体责任，银保监会及其派出机构将银行机构声誉风险管理纳入法人监管体系，加强监管。（3）管"一把手"。《办法》明确责任到人，由商业银行、保险公司董事长或主要负责人作为声誉风险管理第一责任人。（4）管防线。《办法》进一步明确声誉风险管理"三道防线"的职责，要求业务部门及分支机构作为第一道防线、声誉风险管理职能部门作为第二道防线、内部审计机构作为第三道防线，确保互相配合，实现专业化、无死角的管理。

这里再深入解读一下，如何理解声誉风险的主体责任的问题。当前有些模糊认识，认为政府部门、监管机构、市场主体在发展的目标上是一致的，所以主体责任应当大家分担。这是不正确的。原因在于：第一，风险发生最主要的载体是金融机构。考察声誉风险发生的对象可以看出，90%是市场上的银行保险机构，以及所属的分支机构、员工。从1998年中国保监会成立到2018年机构改革，直至原银监会、原保监会合并这一段时期发生的几百余件次中级以上声誉风险事件涉及公司高层争斗、股权纷争、产品缺陷、条款不足、员工言行、公司文化、销售误导、管理漏洞、风险暴露、经营违规、违法犯罪等十多个方面的风险事件，占所有风险事件的绝大多数，可以说，机构生成的声誉风险事件，构成了行业声誉的最主要部分。第二，这是由声誉风险演变的特点所决定的。多年的实践表明，大量声誉风险的苗头起源于机构，但在演变过程中，监管部门几乎无一例外地被牵扯进来，成为网民和社会大众希望主持公平正义的客体。这种发展趋势和特点，决定了监管部门不能承担主体责任，它更应当起到客观公正的监管职责，发挥好"一锤定音"的作用。如果所有风险都由监管部门承担，那就会使政府部门变成承担无限责任、包办一切的机构，使得市场和行政纠缠不清。因此，声誉风险演变的逻辑顺序说明了主体责任的归属。第三，降低声誉风险主要应该依靠市场主体的意识提高、行为自觉和机制完善。声誉风险管理专业性强、覆盖范围广、管控难度较大，对非专业人士来说，往往会犯一些错误。比如思想上的轻视，认为本机构对外形象不错，不会发生声誉事件，对网络传播的复杂性、偶发性和非逻辑特点认识不足、估计不准，对机构经营过程中的风险估计不足。协同不够，认为处置声誉风险事件只是企业内部办公室、综合部、品牌部、宣传部等综合职能部门的事，公司上下左右的支持配合不够，造成懂行的指挥不动别人而不懂行的各行其是、杂音不断的局面。这些错误认识和短板，是当前做好声誉风险管理最需要解决的难点，需要金融机构认真对待。第四，良好的声誉对金融业至关重要，市场机构最受益。谁受益，谁担责。几乎每一次声誉事件，相关金融机构都会受到程度不一的影响。安邦保险被接管之后，各个保险公司的客服电话一下子成了热线，很多客户急迫地询问公司的稳健性、保单的安全性，关心保险机构是否有倒闭破产的风险。这种情形持续了两三个月。这从反面表明，一家保险公司声誉受损，整个行业都会受到牵连。反过来，良好的信誉，可以使得全行业受益。2009 年 3 月，太平洋寿险宁波分公司一位代理人林萍得知同村女孩徐洁患上了肝痘状核变性，需要肝脏移植。但经过检查，小徐洁近亲中无一人可与之血型匹配，无法进行近亲移植手术。看着年仅 9 岁的孩子的生命岌岌可危，善良的林萍萌生把自己 50% 肝脏捐给徐洁的想法，以拯救即将凋谢的花朵。瞒着家人，她到医院作了血型配对检查，幸运的是，林萍与小徐洁的各项指标都相匹配。但是，当她把捐肝的决定告诉家人的时候，遭到一致反对，亲戚朋友也都劝她放弃这个念头。林萍经过思想斗争，坚定了决心，她与徐洁在上海进行的肝移植手术获得了成功。林萍用责任与爱履行了对客户的承诺，在社会各方面产生巨大反响。当然，这一事件也对她所在的太平洋保险公司、对整个保险行业产生很大的正面效应。应当说，当年保险行业呈现业绩上升、股价上涨、口碑转好的局面，是与林萍这样的保险从业人员的善行善举分不开的。所有这些正面的声誉，实际上都助推各个保险机构效益的提升。

中国银保监会对银行保险声誉风险担负监管之责。

声誉风险管理体系的建立，不是一蹴而就的，更不可能靠一两个文件完成。监管督促、考核评估在推进这项工作中一直发挥着重要作用。目前，监管部门在这方面的工作大致包括下面几项：督促机构将声誉风险管理纳入机构审计、压力测试和风控业务之中，构成上述业务的一个因子，成为常态化的管理机制；通过舆情专报系统，收集有关机构发生的舆情事件，进行重点关注和研判；每年对各机构声誉风险管理进行评估和打分，借此形成对全行业声誉工作的整体总结。很多机构十分在意评估打分和排名，认为排名靠前就是成绩，其实我们不能说排名就十分科学精准，但这也大致反映了机构在这方面所处的位次，排名主要有利于行业互相查找不足，不断进步。

声誉风险的责任划分不是小事情，决定了管理成效。市场主体担负主体责任，应当肩负起如下使命：一是要承担舆情监测的主要责任，确保不漏、不误、不瞒，及时客观报告有关方面存在的问题。二是要承担主动回应的责任。要制定审慎科学的口径，把握好最佳回应时机和发布人员、平台和媒体。三是要承担起法律维权和正当交涉的责任，积极维护市场主体的合法权益不受侵害。四是要承担消费者权益保护和各种安抚解释工作。监管部门担负监督责任，一是要制定监管规则，规范行业的各种声誉风险管理制度和机制，加强相关人员培训。二是要加强督导和风险提示，针对风险隐患比较大、破坏性比较强、涉及群众比较多的事件或苗头要主动提醒，甚至可以进行窗口辅导。三是要加强行业统筹和协调，包括部署带有行业性的应对措施等。四是要落实各项规定，对违反声誉风险监管制度的行为或者主体进行行政处罚。

第八章

声誉风险管理的
治理架构

　　《办法》的第五条是这样说的：国有控股的银行保险机构，要坚持以党的政治建设为统领，充分发挥党组织把方向、管大局、保落实的领导作用，把党的领导融入声誉风险管理各个环节。已建立党组织的民营资本或社会资本占主体的银行保险机构，要积极发挥党组织政治核心作用，把党的领导与声誉风险管理紧密结合起来，实现目标同向、互促共进。

　　将加强党的领导作用写进声誉风险管理，这是首次。在国内外有关表述中，也属于首次。

　　有不少同行希望了解其深层含义，监管部门的初衷是这样的，一是发挥好党的领导作用是完善公司治理、提升声誉风险管理能力的决定性前提。党的领导是做好党和国家各项工作的根本保证，是我国政治稳定、经济发展、民族团结、社会稳定的根本。多年坚持不懈的探索实践证明，完善公司治理最关键、最根本的方法是加强党的领导，不仅对国有企业，对各种成分、各类形态的企业都一样，这已经成为国内企业界的共识。正如前文所说，声誉风险管理的重要抓手，是公司治理理念的提升和结构完善。良好的公司治理，首先表现为构建强力有效的董事会，董事会在人员构成方面体现出专业、多元、独立等特点，在工作重点方面，要明确与管理层、监事会职责分工，同时培育积极、健康、高效的董事会文化；处理好"三会一层"（股东大会、董事会、监事会和高级管理层）组成的议事管理规则，各方主体既密切合作，又分工制约，在公司治理工作中做到"权责清晰、分工明确、有效制衡、科学决策"；对外处理好相关各方的关系，展现公司治理的水平，与外界形成良性积极互动。只有公司治理不断完善，达到上述要求，声誉理念才真正会成为公司的灵魂，声誉风险管理才立得住。因此，可以说有效发挥党的领导作用，与公司治理的基本方向和途径完全一致，也就是说与声誉风险管理的目标方向是完全一致的。二是积极参与领导处置各类声誉风险事件，是金融机构各级党的组织加强党的领导的重要体现。声誉风险事件的特点，往往是机构薄弱环节的大暴露，是机构一些风险隐患的显性化，甚至是风险暴露的苗头。在处置此类风险过程中，党的领导不仅具有掌控全局的优势，更有统筹各方、协调上下的影响力。发挥党的领导优势，有效化解风险，应对危机，是加强党的领导作用的重要体现。可谓沧海横流，方显英雄本色。因此，加强党的领导，是有效防范声誉风险，管控风险进一步演变、恶化、爆雷的重要前提和基础。三是加强党的领导，进一步提高应对声誉风险挑战的针对性。大多数声誉风险事件以意识形态领域的风险事件为多或者为主，通过党的领导的加强，可以从根源上全面提高对意识形态工作的深刻认识和重视。在做好声誉风险工作方面，党的宣传思想方法的运用，非常有利于减少各类舆情事件的发生。长期以来，党的宣传工作积累了很多行之有效的方法，比如坚持正面宣传主基调，坚持"三贴近"的宣传工作原则，坚持典型引路、挖掘典型报道，坚持不断创新宣传手段等，对声誉风险管理都具有很强的指导意义和示范效应。

提升公司治理的有效性，是解决声誉风险困扰的制胜之道。

《办法》提出，要明确董事会、监事会、高级管理层、声誉风险管理部门、其他职能部门、分支机构和子公司的职责分工，构建组织健全、职责清晰的声誉风险治理架构和相互衔接、有效联动的运行机制。声誉风险管理的难点，主要集中在两个方面：一是统筹全辖，二是相互衔接。在统筹方面，首先要做的，就是职责分工的划分。一般来说，银行保险机构董事会、监事会和高级管理层分别承担声誉风险管理的最终责任、监督责任和管理责任，董事长或主要负责人为第一责任人。

何谓"最终责任"？它是指声誉风险最后的性质认定、处置方案的拍板和最后分工、处置中对外表态、公告声明、新闻通稿、发布会等的最后文字、说法、口径的敲定，以及处置成效的最终责任承担者。在这方面，有时会出现决定权过于集中而导致行为效率降低的情形，很多决策非要等董事长或主要负责人签字。舆情形势瞬息万变，应对过程中务必迅速决策、立即实施，拖延或者情况有变，出现舆情"盲区"，往往会使管理工作陷入被动、步步落后。克服这一缺点的办法，是董事长或者主要负责人必须要适度授权。《办法》明确，董事会负责确定声誉风险管理策略和总体目标，掌握声誉风险状况，监督高级管理层开展声誉风险管理。对于声誉事件造成机构和行业重大损失、市场大幅波动、引发系统性风险或影响社会经济秩序稳定的，董事会应听取专门报告，并在下一年听取声誉风险管理的专项报告。这段话对董事长在声誉风险管理方面的职责给予了十分到位的表述。

监事会承担监督责任。《办法》提出，监事会负责监督董事会和高级管理层在声誉风险管理方面的履职尽责情况，并将相关情况纳入监事会工作报告。监事会对股东大会负责。对公司财务以及公司董事、总裁、副总裁、财务总监和董事会秘书履行职责的合法性进行监督，维护公司及股东的合法权益。将声誉风险管理工作纳入监事会工作报告，列为公司管理层履职尽责的职责，预示着这项工作的重要性大大提升。

管理责任，是高管层的重要使命，是声誉风险管理的关键责任。具体的责任范围包括：（1）建立健全声誉风险管理制度，一般包括监测、研判、应对、评估、修复等方面的制度和规定；（2）完善声誉风险管理工作机制，一般包括建立专门机构和岗位、明确职责和程序以及具体步骤安排；（3）制定重大事项的声誉风险应对预案，一般包括对重大风险的判断、启动程序、系统上下的分工以及重要提示；（4）制订处置方案并推进声誉事件处置，一般包括行动分工、协作方式，各个环节的具体负责人员等；（5）每年至少进行一次声誉风险管理评估，评估方案一般包括聘请第三方机构采集数据、样本抽取、人员访谈和提供评估报告。

上述 5 项任务，是相互贯通的。有关部门曾对一些金融机构方面的工作进行了摸底。从调查情况看，不是很乐观。

相当一部分机构建立的所谓的制度和机制，其实只落在纸面上，没有具体可行的措施保障。还有大约一半以上的机构没有经过声誉风险的历练，更缺乏相关的演练、模拟、沙盘推演。一般来说，评估就是在压力测试和模拟演练基础上得出的结论，没有前者，评估也就无从谈起。

这里需要强调，明确声誉风险的专责十分重要，它是落实相关工作的基础。因此，《办法》第八条要求，"银行保险机构应设立或指定部门作为本机构声誉风险管理部门，并配备相应管理资源。"这句话包含两个方面的意思：第一，金融机构可以单独设立一个声誉风险管理部门，目前这样的情形几乎没有，但是从监管部门来说，希望将来有这样的设置出现。第二，绝大多数机构是将声誉风险的管理职责交付给相关部门，比如办公室、综合行政部、品牌宣传部、市场部、董事会办公室等。这些部门或者具有很强的协调功能，有助于统筹各线管控声誉风险涉及的领域；或者和公共关系、媒体交往、企业宣传关联，有助于及时发现应对舆情事件和外界突发事件，并迅速调动媒体资源快速应对。这两种指定部门负责相关工作的效果各有长处，应该说都比较适宜。

但目前有一种情况需引起注意，就是不指定部门，根据舆情事件和声誉事件情况，临时确定风险管理部门，而且还经常变换。这是不合适的。这样做的机构也有自己的考虑，即认为哪个部门发生的事情就应由哪个部门负责处置。其实这是对声誉风险处置原则和原理的认识不到位，事实上，声誉风险管理本身是比较专业的，需要用专业的方式方法进行管理，需要长期的监测、预判，要具有成熟顺畅的处置机制、丰富的媒体资源，要进行专业的发声等。随机变换主责部门，显然不利于管理，无法发挥专业部门长期工作经验和手段的积累和训练。还有些机构明确了职责部门，但是没有明确具体的负责人员和处（科）室，仍存在"悬空"现象。某大型金融机构的声誉风险职责部门长期没有重要关联处室，造成重大舆情事件来临之际，没有专业人员负责的情形。

因此，《办法》对负责部门的职责表述是十分明白的："声誉风险管理部门负责牵头落实高级管理层工作部署，指导协调其他职能部门、分支机构和子公司贯彻声誉风险管理制度要求，协调组织开展声誉风险的监测报告、排查评估、应对处置等工作，制订并实施员工教育和培训计划。"这样的描述，全面梳理了声誉风险管理部门的基本职责，主要包括四个方面：一是牵头落实高级管理层工作部署。高管层的工作部署应该直接下达给这个管理部门，不要再有"夹层""转弯"了，这是保证声誉风险处置时效性的要求。二是指导协调其他职能部门、分支机构和子公司。这句话很好理解，就是它具有协调上下左右的职能。三是组织开展声誉风险的监测报告、排查评估、应对处置。声誉风险处置部门的基本工作，就是这三大项，这是管理的核心，下文还会详细介绍。四是制订并实施员工教育和培训计划。声誉风险首先是思想观念，不提高声誉意识，再好的制度也是枉然。一定要重视员工培训教育，可以采用专家授课、实战演练和案例讨论等形式，只有功夫下在平时，危机出现时方能四方配合、处变不惊。

《办法》要求其他职能部门及分支机构负责执行声誉风险防范和声誉事件处置中与本部门（机构）有关的各项决策，同时，应设置专职或兼职的声誉风险管理岗位，加强与声誉风险管理部门的沟通协调，筑牢声誉风险管理第一道防线。这里提出了"筑牢声誉风险管理第一道防线"的要求。为什么提出这一要求呢？主要原因在于声誉风险具有全覆盖性的特征。这一特性要求其管理也要关口前移，每个业务领域的最前端都有声誉风险的管理端口。

如何筑牢第一道防线，是一个值得深入思考的题目。一是要明确第一道防线的工作重点。设置第一道防线，不是要把责任推给基层，或者其他部门，而是建立"千里眼""顺风耳"，最好形成联合作战、整体作战。要把有关部门的信息充分收集到、利用好，要把声誉风险管理的要求和内容及时传达给一线、前沿，要把一些风险隐患直接消灭在前端，这些工作十分重要，是第一道防线的重点。二是要提高工作责任心。建立第一道防线的最大的难题，是如何调动其他部门的积极性和责任心。这需要管理人员在设计声誉管理制度时，把责和利结合好，"责"必须说明，"利"更要弄清，相互对应好，责到利到，责失利无。三是要加强调度和指挥。

在做好总行、总部声誉风险管理工作的同时，银行保险机构应指导子公司参照母公司声誉风险管理的基本原则，建立与自身情况及外部环境相适应的声誉风险治理架构、制度和流程，落实母公司声誉风险管理有关要求，做好本机构声誉风险的监测、防范和处置工作。

第九章 ── 声誉风险的
全流程管理

A

建立评估机制，是声誉风险管理的第一步。

评估，是风险管理非常重要的手段，具有前瞻性、专业性和科学性特征。风险评估就是量化测评某一事件或事物带来的影响或损失的可能程度。《办法》第九条指出："银行保险机构应建立声誉风险事前评估机制，在进行重大战略调整、参与重大项目、实施重大金融创新及展业、重大营销活动及媒体推广、披露重要信息、涉及重大法律诉讼或行政处罚、面临群体性事件、遇到行业规则或外部环境发生重大变化等容易产生声誉风险的情形时，应进行声誉风险评估，根据评估结果制定应对预案。"

从一般性概念的角度看，风险评估的主要任务包括：识别评估对象面临的各种风险，评估风险概率和可能带来的负面影响，确定组织承受风险的能力，确定风险削减和控制的优先等级，推荐风险削减对策。这几个方面，是任何一项风险评估所必须回答的，声誉风险评估同理。

首先，识别出声誉风险所面临的尽可能多的风险选项。近年来，有关银行业涉及声誉风险事件的情形层出不穷，复发、串发、集中发生、同类并发现象明显。对各类事件，确定风险必须迅捷准确，防止误判、漏判。比如，某地一家银行支行举行客户答谢活动时，其中有一个环节就是对抽签抽中的人奖励一样家庭用品，包括吹风机、塑胶拖把、厨房用品等，厨房用品有菜刀、案板等。这个支行事前没有对活动做认真的评估，结果活动现场有人选择的奖品是菜刀。活动当天，警惕性高的路人看到有一些人拿着菜刀进出银行，便马上报了警。大批警察随后赶来，迅速叫停了这次客户答谢活动。显然，在金融机构举办的活动中，出现以菜刀作为奖品的情形，是很不恰当的，会造成一定的金融机构安全风险隐患。因为事前评估不认真或者是根本没有进行评估，金融机构十分被动。市场流传的授信企业债务缠身、经营困难等消息，使得相关银行受到巨额亏损的消息的困扰，要根据这类信息评估预判出社会融资（信用）环境风险可能会发生变化。针对这样的风险，需要内外发力，内部要与企业协同规划还款计划，对外则通过声明、报道等稳定各方面的情绪，树立公众信心。可以说，对各种行为事件风险的评估，无处不在。一些银行工作人员对待客户态度粗暴，甚至发生诸如泄露客户信息、盗取客户存款等违法违规行为。此类事件所造成的是社会各方面对金融机构管理方面的质疑甚至不信任的风险。银行向风险承受能力低的客户推荐高风险的理财产品，会产生客户适当性不足的风险。根据不同事件特点，明晰各种风险类型，是实现声誉风险管控的基础。

其次，评估风险概率和可能带来的负面影响。评估风险概率，是一门很专业的工作。在金融工程专业里面，有针对风险概率进行推算的各种模型和计算公式，这些大致也适用于声誉风险的概率推算。从多年实践来看，估定概率大多依靠历史事件的基本规律、当下风险事件的影响程度、民众特别是网民的情绪烈度和国家政策层面的影响四个方面。一般来讲，历史上（尤其近期）同类事件的发生演变规律具有比较大的参考价值，但要把诸多变量考虑进去。有些机构尝试采用多元化头脑风暴的办法，比如邀请行业内的资深人士、相关工作主要负责人、专业媒体人士和普通金融消费者等共同研讨交流，汇总各方面的感受和判断，实际就是呼应了上述风险概率推算的基本因素（因子），能达到比较准确的估定概率。有时候，追求过于精准的数字意义不大，只要估计出大致的比例，就可以进行决策了。有专家总结出的"模糊计算法"，就是这个原理。对负面影响的认识，一般伴随着风险概率的估定进行。某一个概率数字下的负面影响并不难判断，但需要更加专业的分析。比如某银行发生客户信息泄露事件，媒体报道十分集中，其负面影响到底涉及哪些方面、影响多大，就需要通过概率评估与影响分析交叉进行认定。

再次，确定组织承受风险的能力和风险控制重点。声誉风险来临之后，机构承受的能力首当其冲，至关重要。如果声誉风险事件造成流动性风险、信用危机风险，那么考验机构应对危机的时刻就到了。一般来说，声誉风险先于其他危机风险的到来，给危机处置赢得时间和主动。机构平复各类风险，需要调动各种资源和力量，需要迅速确定风控重点，需要将声誉风险的报警变为迅速行动的"冲锋号"，将赢得的时间转为化解风险、尽可能减小负面影响的效益窗口。一般来说，从声誉风险苗头暴露到危机来临，金融机构最少可以赢得 3 天左右的时间。如果声誉危机处置得力，则迟滞的时间甚至可以推后一两个月，甚至促使危机最后消解。

最后，制定风险处置预案。近年来，各方面积极倡导提前制定各类风险处置预案，包括声誉风险方面。某农村金融机构十分重视声誉风险处置，他们将历年发现的声誉风险事件全部找出来归类，形成 22 种事件表现。这 22 类事件，分为恶性、严重、关注、一般四个档次。针对每个档次，该机构制定出不少于十项的应对策略。每个策略都详细规划了责任部门、人员和机制，甚至制定出口径模板，让员工一目了然。

B

监测机制，是声誉风险管理的"千里眼"和"顺风耳"。

在古代神话传说当中，神仙才会有这样的法力，纵目四望，倾听千里，穷极四海，细查毫微，一切尽在掌握，着实令人羡慕神往。现实生活里面，随着互联网的繁荣发展，搜索功能、海量信息、大数据职能的应用等，使得"千里眼""顺风耳"成为可能。通过专业的监测，掌握声誉风险的产生苗头、影响范围、传播规律和未来发展预判，这就是监测机制在发挥重要作用。建立声誉风险监测机制意义重大，不言而喻。

声誉风险监测机制，是全流程管理的基础环节，是建立健全声誉管理体系的重要信息化手段。

声誉风险监测，是一项专业性极强的工作。2013 年 9 月，人力资源和社会保障部将网络舆情分析师正式纳入中国就业培训技术指导中心（CETTIC）职业培训序列，并授权人民网舆情监测室负责全国网络舆情分析师的培训和考核工作。参加培训并考试合格者将获得人力资源和社会保障部认证的"网络舆情分析师职业培训合格证"。这个证书就是网络舆情分析师的职业证明和执业凭证。网络舆情分析师专门从事互联网信息监测、舆情态势分析、舆论环境研究、网络危机处置等工作，为各级党政机构、企事业单位以及个人提供互联网信息监测、分析和咨询服务。他们从庞杂的海量网络信息中，提取有价值的内容，对其进行科学的分析和研判，为服务对象了解互联网信息、观察网络动态、处置舆论危机提供决策参考。他们所从事的工作，就是声誉风险监测的重要组成部分，也是常规部分。

那么，建立监测机制的具体步骤和方法是什么呢？

一是建立信息搜集和筛选机制。2010年左右，社会上开始出现网络监测公司或者叫舆情监测公司。当时最通俗的叫法是"机器+人肉"公司，"机器"就是通过百度或者公司自己开发的搜索引擎进行相关信息搜集，一般预先设定好关键词或者敏感信息词，每天固定时间自动搜索出大量的关联信息，形成专项数据库。然后，运用自动程序对这些比较芜杂的信息进行初步整理和筛选，去除基数庞大的错误信息、无效数据、乱码等。以搜索关键词"商业保险"为例，最初的信息搜索，常常会一并搜索出大量的"保险柜""保险套"以及人们的口头禅"这个事这么办可不保险""坐车去比较保险"等根本不沾边的无用信息，因此，第一步就是要将其中毫无关联的信息全部滤除。第二步是再把有关"社会保险""劳动保险"等非商业保险的信息去掉，这个环节需要进一步丰富关键词加以甄别，也就是缩小搜索范围，进一步排除。第三步是需要根据日期、内容、关键词等进一步合并同内容、同类别的信息，也就是将信息数据归类，进行精简和提炼。上述工作基本可以依赖机器检索和计算机程序筛查完成，相对比较省劲，处理速度也非常快。

所谓"人肉"，就是根据要查询的特定信息，进行人工处理的过程和劳动。其大致包括下面一些项目：其一是针对个别网络传播采用规避关键词的做法，人工补充相关信息。比如，有些词可以用首字母代替原词，如"公安"用"GA""保密"用"BM""任正非"用"RZF"等；有的用人们耳熟能详的词汇（甚至外号）表达，如马云用马爸爸、美国用米国、特朗普用川建国等。对这些随机性、偶发性的信息，就需要人工检索寻找补充。其二是舆情分析师启动归类、提炼和分析。在机器搜索和初级整理的基础上，舆情分析师会进行全面的整理。一般会研究国内和国外、传统媒体和自媒体、网民跟帖留言和吐槽、转载范围和标题、短视频、图文表现等各方面的特点、差异和共性，仔细研究正面传播、客观报道、中性传播、负面信息和谣言扩散等的状况和趋势，逐步归纳整理，最后形成舆情分析报告。

二是形成舆情分析报告。舆情分析报告，一般包括这么几个方面的内容：传播信息总量，各类媒体（国内外、传统媒体报道量、新媒体关注度、自媒体评论量、重点中央媒体报道量、地方媒体报道量、百度关键词搜索量）传播的情况，重点媒体、中央媒体、地方主要党报的报道态度和评论角度，正面信息、中性报道和负面信息的传播量、比例分布和曲线图、柱状图等，网民跟帖或吐槽的摘录或归纳，国外媒体报道的标题、角度和意图，未来传播趋势的预测预判。

一些优秀舆情分析师撰写制作的报告，大致具备几个共性的方面：首先，搜集范围应当尽可能大和全。这是保证舆情分析精准度的数据基础，如果不够大、不够全，后面得出的结论就不容易站住脚。比如，对网民跟帖了解不多，就无法了解网民情绪的真实内容、态度、观点和分化比例，也就无法对未来发展态势作出准确评价。其次，曲线图的制作。在舆情分析报告中，高水准的曲线图令人一目了然，甚至耳目一新。一张曲线图可以看到传播总的趋势发展，即波峰波谷变化；可以看到各类性质报道的传播情况对比，即正面信息、中性报道、负面信息相互交叉演变的趋势；可以分析出舆情胶着发展的临界点、拐点。最后，得出简明清晰的预判结论。舆情分析报告最终是要对未来发展和应对提出建议，这是报告最重要的部分。预判要明确，不能模棱两可。这要求舆情分析要专业和严谨，同时要客观，不能为了让领导满意而人为修正装点。

三是制订应对方案。声誉风险应对方案，是风险管控工作的重要环节，属于"施工图"。其结构主要应当包括以下几点：风险状况判断，要对风险等级给予清晰界定；措施任务介绍，务必把需要执行的工作梳理完全；责任分工，根据任务性质科学安排工作，务必明确到部门和责任人；明确时间表、汇报决策路线图和监督人员，确保按时按质完成。

在制订应对方案这个环节，有两点十分重要：一是责任分工必须明确。声誉风险处置往往具有很强的时效性、缜密性、协同性，科学精细的分工和协作是极其重要的，可以保障迅速反应、准确实施。例如，某金融机构曾经发生一起比较大的舆情事件，在应对中由于对总部与分支机构的责任分工安排不周，舆情一线瞬息万变，而拍板在高层，导致决策延误，错过最佳回复和出招时机。二是对风险状况的判断必须全面。《办法》第十条提示：银行保险机构应建立声誉风险监测机制，充分考虑与信用风险、保险风险、市场风险、流动性风险、操作风险、国别风险、利率风险、战略风险、信息科技风险以及其他风险的关联性，及时发现和识别声誉风险。因此，机构在应对时，务必把各种风险研究透，不要疏漏，全面作出安排部署，保障井井有条。

C

声誉风险分级机制，对提高风险快速响应、迅速落实和精准施策意义重大。建立分级制度框架，既考验一个单位、一个部门对过往舆情事件经验教训的总结和研究，又推动该单位、该部门提升应对能力。

《办法》第十一条要求：银行保险机构应建立声誉事件分级机制，结合本机构实际，对声誉事件的性质、严重程度、传播速度、影响范围和发展趋势等进行研判评估，科学分类，分级应对。

首先，"分级"是一种工作理念，是对声誉风险管理工作长期实践的科学认识。长期以来，在声誉风险管理过程中会形成各种各样的习惯性思维。比如对领导者、主事者而言，有的存在一种满不在乎的思维，毫无根据地认为声誉风险事件是别人家的事，自己肯定轮不上；甚至认为即使有，也不一定发生在自己任上、自己身上，所以不必重视。也有人走另外的极端，畏舆情事件如虎，大事小事都认为是声誉风险，风声鹤唳、草木皆兵，其结果就是不管三七二十一，只要是批评性报道，就定性为声誉风险事件，横加指责，四处删稿。对下属、具体工作人员来说，有的存在一种被动心态，领导咋说就咋办，听领导的就行，不去监测、没有预判、不提建议，被动地等待。另外还有一些错误认识，比如轻视声誉风险的危害和影响，认为没那么严重，扛一扛、顶一顶就过去了。这些思维和工作方式，往往是导致声誉风险迁延爆发的主观因素。无论是漠视风险，还是消极等待，都不可取，中信银行是一家大型股份制商业银行，具有比较完善的管理体系和风控体系。然而，就是这样优秀的金融机构，也仍然会遭遇类似前些年"相声演员池子信息泄露事件"等声誉风险的袭击。事件之后，中信银行认真总结经验和不足，在结合本机构特点的基础上，系统整理出了声誉风险分级分类应对措施表，以及恶性（一级）、重大（二级）声誉风险事件应对指南。其中每一级都详细介绍了总行和分行分别适用的舆情处置流程图及声誉事件列举。每个声誉事件列举都概括了特征、传播规律、应对关键、责任分工和目标方向。中信银行内部员工非常喜欢这样的手册，称其为处置舆情事件的"红宝书"。

其次，分级是一种更为精准的应对策略。不同的舆情事件具有不同的演变规律，也就有不同的应对策略。一般来讲，从影响力来说，声誉风险事件可以分为一级（所谓"恶性"）、二级（所谓"较严重"）和三级（所谓"一般性"）；从事件发生数量看，可以分为单体事件和多体事件；从事件演变看，可以分为主舆论点事件和次舆论点事件。从不同的角度对声誉风险事件进行划分，不仅可以弄清事件的深层性质，更能够从相互比较中发现规律，掌握处置的基本办法。比如日常生活中，以单体事件构成的声誉风险占大多数，但这并不意味着其烈度和处置难度比多体事件低。举个例子，2019 年发生过的"女网红进入机长驾驶舱"舆情事件。那年 11 月 3 日晚，有博主在网上爆料，一女网红进入桂林航空公司的一架飞机的驾驶舱并在朋友圈发图。女网红为何能进入飞机机长驾驶舱并堂而皇之地发朋友圈？为什么机组人员没有一个人进行阻拦呢？该事件一经爆出立刻引发网友热议，除了女网红与机长之外，人们愤怒于女网红的洋洋得意、机组人员的失责，以及桂林航空公司的毫不知情，桂林航空公司深陷舆情危机。这个事件属于典型的单体事件，虽然并不复杂，但是很考验涉事机构的应对能力。好在桂林航空公司处置得比较妥善。舆情爆发次日，桂林航空公司在网络上发布官方通知，称针对网友举报"一名乘客进入飞机驾驶舱"一事高度重视，对机长作出终身停飞的处罚，对涉事的其他机组成员无限期停飞并接受公司进一步调查，表示会按照航空条例做内部自审。对比官方通告前后网络情感倾向可知，网友在通告后对桂林航空公司的正面评价明显上升，网友对于桂林航空的零容忍态度纷纷点赞，认可桂林航空公司的举动，并坚决给予支持。

　　同属于单体事件，并不是所有涉事地方或部门都能处置好。2019 年 10 月 10 日，江苏省无锡市锡山区 312 国道上海方向 K135 处，锡港路上跨桥出现桥面侧翻，事故共造成 3 人死亡、2 人受伤。然而，直到第二天，在各方高度关注的情况下，无锡官方微博没有在第一时间发布相关信息。在突发事故 9 个小时后，中央广播电视总台中国交通广播记者连线政府值班热线，值班人员表示不知详情，而宣传部门负责人电话持续无人接听。中国交通广播官方微博发布了标题为《无锡高架桥垮塌 9 小时：值班热线表示不知详情市政府新闻办微博只字未提》的文字，文中写道："无锡市政府新闻办微博连发两条无关信息遭百姓痛斥'是外包了吗？'"这种对突发事情的态度和行为，导致舆情激化，网民留言："全国人民都知道了，就当地领导不知道。"同日，澎湃新闻发表评论《无锡高架桥侧翻，哪些魔鬼细节成"难以承受之重"》。更耐人寻味的是，10 月 13 日，无锡官方微博忽然发表长文《在重大事故面前，我们该做的是关爱与理性!》，文中怒怼网友和媒体的监督与批评，从而触发了新一波舆情。虽然无锡官方微博在发布当晚就删除了该文，但是已经被广为转发和截屏阅读。10 月 14 日，人民网发表人民网评《舆论为什么对无锡发"脾气"?》，深刻指出："观察无锡方面对舆情的应对，还有一点不容忽视，那就是对待舆论的傲慢态度。应对缓慢、反应老套，还可以用能力来解释，但是把网友的祈祷视作

'假慈悲博眼球'，把舆论的关注视作'一波面对重大事故的自嗨'，这种愚蠢的做法，体现出对舆论的敌视和高高在上的姿态。无论哪个时代，公共舆论总是一股巨大的力量，尤其在我们这个时代更是如此。当舆论能力成为'时代刚需'，无锡要做的是以平等的姿态与网民对话，画出最大同心圆、取得最大公约数，而不是摆出一副教育网友的面孔，直接把自己放置在公众对立面。"应当说，这个事件比上面那个航空公司的事情还简单，就是一起交通设施损毁事情，实际上比较好处理，只要迅速反应和发声，对建设单位和路桥质量开展深入调查，对人员伤亡和财物损害进行安抚和处理即可。然而，声誉风险意识麻痹、舆情观念错误，导致"小事拖大""大事搞炸"。上述两起舆情事件并不是发生于金融行业，但对金融机构来说具有很强的借鉴意义，可以从中吸取沉重的教训。

　　第三分级是对涉事单位精力、资源、经费、时间、人脉等的科学分配。这一点很好理解。形成分级制，就意味着对处置投入进行比较科学高效的安排。很多金融机构在制定声誉风险管理制度的时候，都把"精心安排、反应迅速、科学高效"作为工作目标，为声誉管理的分级制提供了很好的契机。我们在有关调研活动中发现，凡是声誉风险管理比较好的机构，一般是资源分配比较合理的单位。而做到合理，首先是要落实到制度上，有制度才有责任分工，各单位应结合《办法》，制定自己的管理制度规则。其次是有人有岗，不一定专人专岗，但至少要有人负责，否则就会将这项工作落空。最后是经费保障。声誉风险管理必须要有基本的经费，比如舆情监测费用、媒体公关费用、培训费用等。可以少花钱多办事，但不能不花钱办成事，那是空想，最终也省不下经费。

第十章 ● 声誉风险的
处置

　　《办法》第十二条提出，银行保险机构应加强声誉风险
应对处置，按照声誉事件的不同级别，灵活采取相应措施。

　　所谓灵活多样的处置措施，大致包括以下几个方面。

　　首先，要核查引发声誉风险事件的基本事实、主客观
原因，廓清机构的责任范围。我们举一个金融行业之外的
案例。2020年1月17日14时56分，@露小宝LL通过微博
发布一组照片，配文称"赶着周一闭馆，躲开人流，去故
宫撒欢儿"。四张配图背景均为故宫太和门广场，三张图片
上有一辆黑色奔驰车出现。出镜的两位女士均着便服，没
有佩戴任何故宫工作人员证件。博主发出微博后，该话题
并未立刻在微博发酵，然而当天18时左右话题热度开始爬

升，于 23 时达到顶峰，峰值传播速度为 2022 条/小时。在本次事件中，共有 71 家重要媒体参与，其中中央媒体占 55.2%。

处置这样的舆情事件，必须弄清主客观原因，特别是涉事机构、人员的责任。这个女博主原本只想在社交平台上分享一下自己"优越"的生活日常，想要炫一炫自己，但其触犯规定的行为为公众所不容。故宫对于大多数中国人来说，在思想上、意识上、心理上的意义非同小可，公众不仇富，只恨违反周一闭馆规定的特权，更不允许对文化遗产的破坏。舆情发酵的原因清楚了，责任也就分明了。女博主很快从国航离职。4 天后，故宫博物院院长在微博上公开道歉，副院长和保卫处长停职检查。

厘清事实，是处置的基础。在梳理事实之时，务必不要漏掉诸多细节，因为在下来实施处置措施时，要把很多细节考虑进来。要把主客观原因分清，特别是主观原因要实事求是，不能有所隐瞒，否则，在对外宣示态度时容易被大家抓住漏洞，反而扩大风险。

明确责任，在实际中也是不容易的。有这样一个案例，2020 年 4 月 8 日，媒体爆料称，烟台某上市公司一名高管 2016 年起性侵其 14 岁养女。在主流媒体对这一事件进行报道之后，上市公司高管、未成年养女、性侵三个标签的组合使得网络上骂声一片，许多娱乐圈明星也参与到该话题的讨论中，声援女孩。有人表示必须严惩，恶有恶报，也有的人表示等一个真相大白。4月12日，财新网刊发报道《高管性侵养女事件疑云》，从性侵嫌疑人鲍毓明的角度讲述这一事件。其中潜藏的一个观点便是，涉案女孩子李星星（化名）并非如此前报道中所说的那般"无辜"或毫无自我意识，故不存在性侵一说。报道刊发后，引发极大争议。这篇报道的出现，使得原本似乎清晰的涉事双方责任，变得复杂起来。可以说，弄清涉事双方的责任，是处置好这个舆情事件的最重要的环节。直到9月调查结果公布，案件更多细节被披露，事件真相才有了反转。双方的责任不再模糊，而是是非分明，网友们都赞同最终的处理结果，认为鲍毓明罪有应得。而面对涉案女孩子修改年龄、自导"狼来了"的事实，部分意见领袖呼吁舆论要冷静。面对热点，尤其是有争议的事件，就像白岩松所说："我们应该有等待真相的耐心，而不是立即用想象的事实代替事实，用情绪来完成宣判。"很多涉及司法调查类的声誉风险事件，当事各方的责任可能比较复杂，在司法介入之前网民先入为主的情况下，如何做好舆论引导，避免用"想象"代替事实，用"情绪"代替真相，需要很强的引导能力。

那么，在这段真空期如何确保舆论平稳有序呢？一般可以采取以下几种办法。

一是积极与中央和地方主流媒体沟通，介绍初步掌握的事件情况，坦陈责任界定方面的复杂性。沟通可消除误解，信息交流能解决信任问题，与主流媒体的密切沟通则十分有利于舆情掌控。实践证明，主流媒体的发声和表态，对于舆情的发展方向至关重要，常常起到一锤定音之效果，至少可以压制非理性舆情的蔓延。比如，2018 年出现了很多经济领域的舆情事件，如崔永元炮轰范冰冰、杭州 P2P 爆雷潮、共享单车倒闭但押金难退、工商局调查拼多多等，这些与民生息息相关的舆情事件在爆发之初就出现非常复杂的舆论局面，有不少一边倒论调，想当然地认为一方有错误。在处置时，应尽力与主流媒体充分沟通，介绍上述舆情事件的初步判断原因、影响和有可能给公众利益造成的损害，把未来可能出现的一些预判准确表述出来。这些预判不但不会加重舆情烈度，反而会使主流媒体意识到所担负的社会责任，会对事件的发展有相对清晰的认识和理解，从而发出理性的声音。

二是与网管部门积极沟通，坚决遏制非理性、煽动性、危及社会稳定的炒作、渲染及言论。有一点非常重要，就是要准确判断哪些内容需要管控。绝不能将对本单位、本部门、本机构批评内容，一概视为是需要管控的，追求"逆我者删、批我者控"，而应当以是否危害社会公众利益为判断标准。要发挥好本机构法律顾问的作用，运用法律武器维护自身的合法权益。

三是充分利用日常维护下的媒体公关资源，积极释放利我、理性的信息。我们强调日常公关工作的重要性，是要"养兵千日用兵一时"，在机构面临舆情动荡、声誉危机之时，务必用足用好这方面的资源。"利我"的信息一般包括企业新产品、研制成功及上市、经营业绩良好、得到比较高的荣誉奖励，以及员工成为行业模范、标兵等。"理性"的信息一般包括与所发生舆情事件相关联的外在因素仍在发酵、国际国内环境的复杂多样、在未查明事件根本原因之前的风险排查、制度漏洞补齐和人员初步追责等，也包括相关领域专家学者的不同分析和判断言论。这些要有层次、有目的地去传播，至少可以在喧闹的舆论场中有清流。

其次，要检视其他经营区域及业务、宣传策略等与声誉事件的关联性，防止声誉事件升级或出现次生风险。

再举一个行业外的案例。自 2017 年 11 月 22 日晚开始，十余名幼儿家长反映北京市朝阳区红黄蓝幼儿园国际小二班的幼儿遭遇老师扎针、喂不明白色药片，并提供孩子身上多个针眼的照片。4 天后，北京警方就该幼儿园幼儿疑似遭针扎、被喂药一事进行了通报，涉嫌虐童的幼儿园教师刘某某被刑拘。11 月 29 日，红黄蓝教育机构针对此事发布道歉信。该条舆情达到 255 万条。社会各方的质疑集中在：幼儿园虐童行为是个别老师行为，还是已然成为行业"惯例"；为何幼儿园频出虐童事件，如何保障幼童安全；职能部门应担负起更多的监管责任，并完善配套政策。对于教育管理部门来说，首先要做的，就是排查所有幼儿机构，是否还存在这类虐童行为，如何保障幼儿安全。否则，相关联的事件如果再次发生或者再次曝光，那对处置工作来说无异于灭顶之灾。

对银行保险机构也是如此。查找舆情和声誉风险的关联性，既是"排雷"，也是"灭火"。2006年美国友邦中国公司发生了"重疾险舆情事件"。当年2月20日，6位深圳投保人委托广东广和律师事务所马辉和胡小领律师向法院提交了民事诉讼状，起诉美国友邦保险有限公司深圳分公司（以下简称友邦深圳）。诉状称，投保人购买的"守护神两全保险及附加重大疾病保险"合同对某些疾病的释义定义违背了基本医学原则：如果按照合同条款规定，某些情况下，被保险人只有在死亡之后才能得到赔偿，这已让重疾险的保险目的失去了价值和意义。而友邦深圳没有履行如实告知义务，依据《合同法》，请求法院撤销保险合同，并判令友邦深圳退还已收取投保人的全部保险费。这一舆情事件引起中国保监会的关注，紧急召开新闻通气会，提出五项举措规范重大疾病保险。中国保监会有关负责人表示，监管部门将尽快出台相关标准，明确重大疾病的定义、范围，并在重大疾病保险产品的审批工作中吸纳有医学背景的专家参与。在处置这个影响范围很大的舆情过程中，中国保监会推动包括美国友邦保险在内的各个寿险公司认真完善重疾险条款和责任范围，不断适应中国消费者需求，从而使得这个险种平稳度过舆情风险期，比较好地控制住了声誉风险的增高和蔓延。

其实，从中不难看出，声誉风险发生后监管和主管部门的积极介入，有助于机构自身提高站位，迅速完善不足和疏漏，有益于舆情事件的降温。这就是说，往往一个机构出现舆情，连带的是整个行业的态度和措施，这是非常有道理的。

《办法》提出：在舆情处置过程中，应积极主动统一准备新闻口径，通过新闻发布、媒体通气、声明、公告等适当形式，适时披露相关信息，澄清事实情况，回应社会关切。

实际上，"回应社会关切"是舆情处置和声誉风险管理的核心一环，是与社会和网民直接"见面"的关键环节，决定着处置的根本效果。

那么，如何正确回应社会关切呢？

一旦确定舆情升级并广泛传播，就要积极寻找应对和处置的有效办法。下面结合近年来一些比较典型的互联网舆情案例进行概述。

第一，积极但谨慎回应。在已爆发的舆情事件中，相当一部分是因处置不当而造成的风险，回应不当即处置不当，主要表现为：回应缺乏真诚，言语表达不准，选择时机不对。这些都可能产生新一轮舆情事件。由此可见，第一时间反应未必等于第一时间有效回应，通盘考虑后，寻找合适的时机、选择合适的方式应对才是明智之举。近年来因为回应不当而出现的次生舆情比比皆是。比如在有关重大紧急事件的回复当中，下列因素往往成为生发二次舆情的因素：回应内容出现差错，甚至张冠李戴；内容存在明显错别字、错图或严重表述错误，低级错误推高舆情；"封口令"封灾情真相，却引起滔滔舆情；通报无后续，舆情回应"烂尾"。这些方面的案例在互联网上很多，在日常生活中也不少，就不列举具体例子了。很多政务公开方面发生的舆情事件，也是因为回应不当引发的。据新华社报道，一名教师向安徽池州贵池区政府官方微信咨询问题，却收到"你不说话没人把你当哑巴""我仿佛听见了一群蚊子在嗡嗡嗡"等神回复，让人惊呆。《北京青年报》报道称，一名网友在内蒙古鄂尔多斯康巴什区政府官网的区长信箱留言，咨询"五一节期间为什么只安排公安局植树"，官方竟回复"如果对此有不满，建议另谋高就"。一般来说，政务类回应舆情的问题主要是：（1）时间滞后。2016年7月19日，河北邢台遭遇强降雨，导致严重人员伤亡和经济损失，但"@邢台发布"直到 22 日才发消息通报人员伤亡情况，导致"泄洪说""堵路说"等谣言满天飞。（2）态度不端正。陕西榆林某公安局微博对网民提出的警车私用问题，居然质疑对方"是否因家人违法了所以找公安的碴儿"；云南丽江某政务微博在与网民互动中称："你最好永远别来！有你不多无你不少！"（3）回应不聚焦。2017年 11 月，安徽颍上县境内发生了重大交通事故（共造成 18人死亡），但安徽交通运输的微博却只有一条路况播报，关于事故造成的后果等均无涉及。（4）情绪化跑偏。2017年 3 月的于欢案点燃了网民情绪，当月 25 日晚上，@济南公安发布"感情归感情，法律归法律，这是正道！"的微博。虽然微博并未提及内容是对于欢案的回应，但引起了巨大争议，在 8 万多的评论中，不少都是在指责警方不作为；次日上午，@济南公安删帖，但不久又发布配图微博"世事多奇葩，毛驴怼大巴"。很多网友认为，这是该官微对网友讨论于欢案的回应，并暗讽网友是驴，不到一小时，此条微博评论区的评论已达 7 万条。（5）责任主体缺失。2018年"黑龙江肇东中学生校外打人"事件引发舆论关注的同时，肇东、绥化两级党政组织的政务微博官方渠道却完全失灵失效。

第二，放低身段，主动担责。回应者要放低身段，以平等的身份与外界交流，并敢于承担应有的责任。发布信息或回答公众问题时语气生硬，对待公众询问不耐烦，态度蛮横，始终摆出一副趾高气扬、高高在上的样子，会让人感觉漠视公众利益和百姓疾苦，极易引起公众反感，甚至会引发次生舆情。对于存在的问题不愿负责，想尽办法推卸责任，在多个部门之间来回推诿扯皮，或者过分强调符合程序要求，或者一味强调所谓专业性，而不注重办实事、求实效，实在推脱不了责任时，就找临时工"背锅"。这样的做法使得公众感到被糊弄，容易激起更大范围的民意反弹。2015 年国庆期间，一位消费者在青岛一家菜馆用餐，点了标签为 38 元的蒜蓉大虾，结果结账时被收了每只 38 元。消费者拨打了 110 和物价部门电话，结果派出所说"管不了"，物价局说"没到上班时间处理不了"。无奈，消费者只好给了 2000 多元才得以脱身。事后，消费者把遭遇放到网上，迅速引爆舆情。这当中，政府部门推诿扯皮，成为促使舆情爆发的重要因素。

第三，争取占领道义制高点。比如，对于监管部门而言，保护消费者合法权益就是道义的制高点。在舆情回应中，监管部门和金融机构应清晰地、明确地表达维护消费者权益的态度，这是至关重要的。2020 年，某国有大行在初次回应一个重大舆情时，只从法律角度进行辩驳，没有谈及任何保护投资者权益的话，口径用语显得冷冰冰且没有人情味，使得网情迅速恶化。2021 年，某股份制银行两次回应一个舆情事件，都没有半句保护客户利益、保护金融消费者权益的表述。这样的回应就显得态度生冷，漠不关心普通消费群体诉求、利益和愿望，进一步推高舆情发酵。

第四，讲究引导舆论和发布信息的技巧。舆情应对和新闻发布应有所统筹，摆布要有层次。比如，有些回应由行业协会出面更为妥当，而有些回应则应请有影响力的媒体发声更为合适。因此，要巧妙设置发布时机和回应平台。新闻发布时机的判定是一种长期实战经验的积累，甚至是专职人员的直观感觉。一般来讲，最好的时机就是可以准确充分表达己方观点、立场、判断、信心的时机，最好此时媒体进入相对冷静期，涉事各方回应也相对理性。在回应平台的选择上也并非平台越大越好，选择原则主要是与发布内容、发布目标相匹配。在发布方式上，可根据舆情状况相机抉择：低调发布，一般选择三五家媒体报道、吹风即可；中调发布，一般放在官网非显著位置，不提示媒体、不辅导记者；高调发布，一般召开新闻发布会，或者发布声明，或者授权某个媒体独家发布。

舆情处置务必坚持几条基本原则：（1）及时性原则，也称"黄金72小时"原则。这是处置舆情非常重要的一项原则，首先，要监测到、看到舆情，同时要迅速上报给机构领导，迅速研判舆情是否具备发酵的因素，是否需要第一时间回应。此外，在 72 小时之内，还要完成与相关部门的沟通，做好统筹协调，并尽快完成回应稿的撰写。（2）谨慎性原则，也就是"事不过三"原则。除了一些过程性强、持续时间较长的事件需多次发布、碎片性发布之外，多数舆情事件的对外回应，一般不超过三次。首次回应要尽量对外界释放高度关注和重视的积极态度，发出正在排查、解决相关问题和风险的信息；第二次回应要说明事情处置的初步进展或者结论，以及传达相关行业、机构、产品、地域、市场等是否平稳有序的信息，主动引导舆论；第三次回应要主动报告事情的处理结果，并在此基础上认真分析总结经验教训，补齐制度短板，改进相关工作。（3）适宜性原则，即呼应主业原则。通俗来讲，这条原则就是要求监管者说监管者的话，不能替机构去说话，应有意识把握分寸、发表适宜身份的言论。（4）预警性原则，就是痛点即爆点原则。通常工作中的痛点可能就埋藏着舆情的"地雷"，因此，定期排查、梳理工作中的漏洞和痛点是有效防止负面舆情的手段。（5）真实性原则，也即拒绝说谎原则。按照过往经验，试图靠说谎、不真实数据、虚假信息平复舆论风波的做法，几乎是不可能成功的。应根据舆情发展情况选择回应的发布时机，发布内容需经过仔细推敲和斟酌，以事实为基础，有理有据地对舆论加以引导，切不可一味地隐瞒实情或者躲避。

声誉恢复，是近年来银行保险机构声誉风险管理面临的崭新而又重要的课题。

《办法》首次提出了"声誉恢复"的概念。《办法》提出：及时开展声誉恢复工作，加大正面宣传，介绍针对声誉事件的改进措施以及其他改善经营服务水平的举措，综合施策消除或降低声誉事件的负面影响；对引发声誉事件的产品设计缺陷、服务质量弊病、违法违规经营等问题进行整改，根据情节轻重进行追责，并视情公开，展现真诚担当的社会形象；对恶意损害本机构声誉的行为，依法采取措施维护自身合法权益。

大家可以看出来，《办法》对声誉恢复工作给出了三条重要的建议：一是加强正面宣传；二是严肃追责彻底整改；三是依法维权。应该说，这三条建议就是声誉恢复的三大法宝。

其一，正面宣传是声誉恢复最基础、最有效的工作。发生声誉事件之后，很多机构在相当长的时间内不敢发声，噤若寒蝉。实际上，这是一种错误的做法。声誉事件之后，不但不应该沉默，反而应当更加主动发声，加强正面宣传，也就是针对声誉事件所暴露出来的漏洞、短板、不足，迅速制定改进措施和具体行动，出台一些不断改善经营服务水平的举措，应该把这些行动充分及时介绍出去。从近年来发生过声誉事件的银行保险机构事后行动看，能够及时主动进行正面宣传去努力恢复声誉的不足三成。可见，转变观念，敢于在危机之后主动发声，需要勇气和对声誉风险管理更加深入的认识。这在各地政府身上得到很好的实践。比如前面谈及的"青岛天价大虾事件"发生后，当地政府迅速研究整改措施并对外发布：一是当地有关执法部门对该店下达了罚款9万元、责令停业整顿并吊销营业执照的行政处罚告知。二是对当地市场监管局主要负责人停职检查，对相关部门主要负责人进行诫勉谈话。三是发布《关于进一步治理规范旅游市场秩序的通告》，要求全市旅游经营者严格贯彻实施行业法律法规，并在全市范围内联合开展拉网式市场秩序大检查、大整治，坚持问题导向，对旅游市场中存在的无照经营、不正当竞争、旅游业不公平格式合同条款等违法违规行为，发现一起，查处一起。对于消费者投诉反映的问题实行首问负责制，快速有效处置游客投诉。四是当地行业协会向全市餐饮行业企业发起守法经营、保障食品安全和积极化解消费纠纷等五项倡议，进一步加强行业自律。市消保委发出《关于维护消费者合法权益的声明》，进一步畅通维权渠道，加强服务监督，共同维护餐饮行业良好秩序，有效保护消费者合法权益。应该说，青岛在"声誉恢复"方面所采取的措施比较完善和全面，因而对挽回青岛形象和声誉起到了比较明显的作用。以网易财经为例，对于之前事件的报道，网民跟帖达数万条，而对该报道，仅有 3612 位网民参与讨论、414 个跟帖，舆情降幅十分明显。

其二，追责和整改是取得网民谅解的根本前提。舆情是一种情绪，声誉风险来自情感世界的宣泄。解开网民心灵之结，还需要涉事方的诚意，需要用实际行动宣示态度。上面举的青岛天价大虾事件发生之后，市政府所采取的措施，基本上满足了网民的呼声与诉求，从而使舆情出现比较明显的转折。我们说声誉恢复，是对涉事方的一次大手术，只有痛下决心，彻底解决问题，才能以崭新的面目示人。遮遮掩掩、敷衍了事、欲盖弥彰、虚假演戏，终究难逃网民的"火眼金睛"。

那么，怎么做才是表达真诚呢？一是要及时回应，不要匆忙定性。"早讲事实、重讲态度、多讲措施、慎讲原因"是网络舆情回应的基本原则。事件发生之初，网民关心的涉事单位的态度，最主要是"两个表达"，即表达事情关注到了，表达对人员伤害、财务损失、名誉侵犯等的遗憾、致歉、痛心等。初期不要发布定性结论，因为那几乎是不可能的，也常常不准确，贸然发布反而推波助澜。二是不要试图掩盖隐瞒什么，小技巧帮不了大忙。有些回应避实就虚，试图蒙混过关；有些回应用细枝末节来掩盖主要矛盾。2021 年 5 月 9 日，成都第四十九中学一名学生在校坠亡，成都市成华区教育局官方微博 5 月 11 日凌晨通报，经联合调查组全面调查认定，该生在学校发生高空坠亡属个人行为，排除刑事案件；未发现存在体罚、辱骂等师德失范问题，未发现该生受到校园欺凌情况。针对回应，学生家长和社会各方面不予认同，提出很多疑问，比如关键性的视频监控为何缺失？轻生的判断有无充分的依据？为何没有第一时间通知家长，家长到达学校后一开始又为何拒绝家长入校？面对家长的痛苦，学校生硬的处理方式缺乏基本的人性关怀和情感温度。媒体和有关专家指出，为什么在类似舆情应对上，有些地方、部门一次又一次重蹈覆辙。涉事学校前期面对当事人诉求时遮遮掩掩、慢慢吞吞，缺少起码的同理心，以致矛盾激化、猜疑四起；舆情发酵后，又匆匆忙忙、疲于应付，硬生生地将简单的问题复杂化，使工作完全陷入被动。三是要多用感情用语，少一些冷冰冰的官方语言。2018 年 10 月，有网民在微博发帖称，自家养的狗被链子绞住大腿，向当地消防求助，接线员多次声明"只救人不救猫狗"，并挂断电话。随后，应急管理部消防局官方微博@中国消防回应称，应急救援资源有限，并表示当时该地区突发火情，有数个排队电话打进来，接警员不得已挂断了电话，并附上"有时候男朋友单方面挂断电话，不要气嘟嘟，可能他真的很忙"的幽默话语，获得回应"机智"的称赞。

其三，依法维权。舆情涉事机构必须学会依法维权。

2019 年 4 月，青海西宁一女律师因为"套路贷"公司提供法律服务，被当地检方指控为恶势力团伙成员。对于涉事律师系正常执业还是为犯罪提供帮助的问题，控辩双方在法庭上针锋相对，该案也在舆论场引发较大争议，律师群体纷纷声援涉事女律师无罪。可以看到，在涉黑涉恶案件中，检察机关对罪名的认定如果不能很好地与案件实际和公众认知相契合，舆论极易产生扫黑除恶"扩大化、随意化"的错误认知，进而影响专项斗争的合法合理性。应当指出的是，涉事方在舆情面前不是"待宰的羔羊"，应当拿起法律武器维护自身权益。但依法维权不能利用公器而肆无忌惮。2017 年 12 月 19 日，广州医生谭秦东在"美篇"发表《中国神酒"鸿茅药酒"，来自天堂的毒药》一文，文章从心肌的变化、血管老化等方面，说明"鸿茅药酒"对老年人会造成伤害，该文阅读量共计达到 2241 次。鸿茅药酒厂家随后报案称其商业声誉因此受损。2018 年 1 月，内蒙古凉城县警方以"损害商品声誉罪"在广州抓捕了谭秦东，并关押近百天。这引发了一场声势浩大的舆论风暴，一边倒的舆论压力引起各界重视，倒逼当地警方放人。与此同时，鸿茅药酒不断被人扒出"黑历史"，成为"过街老鼠，人人喊打"。

第十一章

声誉风险管理如"体检"

从某种意义上来说，声誉风险管理类似于人的自我体检，抓住这个体检的时机，可以发现、识别、解决组织和机构在制度、机制、架构、运营等很多方面的短板与不足，也就是找到"健康隐患"。

第一，声誉风险问题，实质上是内在问题的外化表现。本人曾经写文章总结了当前六个方面的金融舆情高发领域，几乎每一条都可以追溯到机构内部的"发病部位"：比如，因金融机构管理层内部矛盾激化或高管人员刑事犯罪而演变为"头部舆情事件"，这方面的舆情反映了公司治理方面的严重问题，特别是董监高人员的标准、选择、组成可能有不当之处。如金融机构因销售出现产品误导、宣传信息错误、客户适当性不足等问题而引发的舆情，这方面舆情与机构产品宣传和销售有直接关联，反映了销售不当的问题。再如金融业部分过时、不合理的政策法规、条款、程序等导致负面舆情，大致是由机构条款不当引起。金融业从业人员的不当言论、行为等也容易成为舆情爆发点，这显然与机构对员工的管理不当甚至失控有关。只有发现问题，查找病根，才能根除病患。

第二，声誉事件的偶然性隐含着机构运营管理出现疏漏的必然性。就像自行车爆胎一样，肯定是什么地方被扎了洞；人发烧，大概率是身体内部有炎症。追寻声誉事件发生的原委病灶，就可以对症下药、纠正偏差、发现短板、剔除隐患、解决困扰。梳理近年来的银行保险机构声誉风险事件，无不印证了这一点。"原油宝"事件，暴露了某国有金融机构在银行衍生金融产品管理上的一些漏洞，特别是在销售环节、风险管控环节等存在的突出问题。有时候，越显得很健壮的人，越存在不容易被发现的病患。对这家一直以来表现很优秀机构而言，一些问题可能被长期掩盖和忽略，直到偶然发生声誉风险事件。事件之后，监管部门和相关金融机构痛下决心，对此类产品进行了较大幅度的整改，消除了此类隐患。

第三，声誉事件是对机构领导者应急应变能力和思维、格局、胆识等各方面的综合检验。从本书对声誉事件管理的梳理来看，如何处置声誉事件，需要领导者多方面的能力和水平。从事件发展过程看，敏锐的洞察力不可或缺，要快速发现舆情苗头，赢得处置先机；迅速的决断能力会起到把脉定向的作用，指导处置工作有序开展；紧密无间的团结协作精神，是保证舆情处置效率和效力的关键，相互扯皮、互不担当往往会恶化舆情发展；强大的对外沟通能力，是向社会宣介利我主张、发出权威声音、表达道义关爱的重要手段。

第四，声誉事件是滑铁卢，还是莫斯科保卫战，关键在于处置的效果。声誉事件处置得当，对机构的声誉和形象来说是加分项。2020 年 3 月 17 日，一条视频引起网民广泛关注。该视频显示，一名国外返京的中年女子拒绝接受隔离外出跑步且不佩戴口罩，遇到社区工作人员劝阻后大呼"救命""有人骚扰"……随后有知情者爆出该女子姓梁，是外资药企拜耳的管理人员。当日晚间，拜耳中国发布的一则声明证实了网友的说法，该声明承认涉事的女子为公司员工，并宣布将其辞退且立刻生效；同时要求公司员工严格遵守各地方防疫措施，并与中国一道抗击疫情。由于拜耳中国回应迅速，态度端正，表述得当，无论对事态发展，还是对企业自身都受到好评，是加分的。

第五，声誉风险管理绝不是挂在墙上的，务必落实落细。《办法》指出，银保监会及其派出机构发现银行保险机构存在以下声誉风险问题，依法采取相应措施：声誉风险管理制度缺失或极度不完善，忽视声誉风险管理；未落实各项工作制度及工作流程，声誉风险管理机制运行不畅；声誉事件造成机构和行业重大损失、市场大幅波动；声誉事件引发系统性风险、影响社会经济秩序稳定或造成其他重大后果。这些监管措施，都是督促银行保险机构把声誉风险管理的各项措施贯彻到位，确保不出现系统性风险。如有相关情况，监管部门可采取监督管理谈话、责令限期改正、责令机构纪律处分等监管措施，并可依据《银行业监督管理法》《商业银行法》《保险法》《信托法》等法律法规实施行政处罚。

《办法》第十三条明确要求，银行保险机构应建立声誉事件报告机制，明确报告要求、路径和时限。对于符合突发事件信息报告有关规定的，按要求向监管部门报告。

报告制度，是金融监管部门管理声誉风险的重要手段，也是制定相应制度的明确要求。这类似于体检的健康报告。有问题，不报告，甚至讳疾忌医，可能把小病拖成重病。及时报告，对一个机构来说，是严格管理、内控到位、路径清晰的重要标准；对一个行业来说，这也是强化声誉风险管理遏制声誉风险的基础，是统筹协调的根本需要。

为什么要提出报告制度？

最主要的，这有利于监管部门及时掌握声誉风险信息，把握行业声誉总体形势，协调和调度各种资源进行处置。而金融机构对于舆情隐瞒不报的情形，原因大致包括以下几种：一是机构希望维护自身声誉，试图内部消化解决，不愿意让外界知晓，宁为单位利益吃哑巴亏。为实现这个目标，机构常常息事宁人，以退让求得客户认可，不该给的给了，不该赔的赔了。二是案情重大，张皇失措，不知道如何对社会各方面交代。三是个别内部人员因为涉及案件或者事件，希望不要张扬，尽力掩盖事实真相。

在贯彻《办法》的过程中，隐瞒不报危害良多。一是监管部门不能及时了解情况，无法制定有效的应对措施，也无法在声誉风险管控层面，制定统筹全行业的办法，更无法整理出措辞严谨的口径来应对新闻媒体的质询。二是不利于声誉风险管控措施的执行，对于有些声誉风险，机构自己可以处置，但是很多风险事件具有很强的外溢性，需要监管部门的整体把握和总体处置。三是及时遏制风险的加剧。报告制度可以使金融系统的应急、救济资源得到最大效率的使用。

突发事件的舆情应对是个老生常谈的问题，也是所有公共机构共同面对的课题，但很多地区、单位在这门"必修课"上不及格，出了事第一反应是捂着、盖着，实在瞒不住了才报告，错失了很多很好的处置时间窗口。这期间，相关谣言怕是已经满天飞了，公众可能已经被"带了节奏"，后面再想要回舆论主动权恐怕已是不可能的了。回顾近些年的热点新闻事件，这样的教训已经足够多了。

第十二章 ——— 声誉风险管理
常态化建设

　　声誉风险管理的常态化建设，主要包括风险隐患排查、情景模拟演练、联动防范机制、新闻宣传机制、声誉资本积累、审计机制和同业维护规则7个方面。所谓常态化，表示相关建设日趋合理、成熟的工作制度和状态。七个方面的常态化建设，构成了声誉风险管理的基本制度框架。

　　关于风险隐患排查。《办法》第十六条要求：银行保险机构应定期开展声誉风险隐患排查，覆盖内部管理、产品设计、业务流程、外部关系等方面，从源头减少声誉风险触发因素，持续完善声誉风险应对预案和相关内部制度。

　　声誉风险管理具有全覆盖特征，也就是在风险源头排查过程中要全方位、多环节进行审查检视，能在源头、苗头时期就可以发现和化解，这是声誉风险管理的最佳状态。多年的实践表明，声誉风险是表象，内因往往涉及深层次方面。2002年4月，《中国青年报》湖北记者站刘中灿、张双武两位记者采访了一位叫白小芳（化名）的女士，她用自己从事保险业务的经历，试图揭示当时某些国内保险企业的内幕。这篇发表在《中国青年报》显著位置的通讯《一位保险营销员的自述》，在当时引发了社会上和保险行业的"地震"，人们开始关注这个新兴行业的各种问题与矛盾，一时间，"洗脑公司""黑心企业""传销公司"等骂声向着保险业铺天盖地而来。时任中国保监会主席的马永伟当即作出批示：请转各寿险公司，如果只求规模，不顾风险、不讲业务质量的问题不解决，如果营销员的误导、欺骗行为不解决，寿险公司还有信誉可言吗？中国寿险业的发展还有希望吗？问题表现在营销员身上，根子在寿险公司的体制和管理上，到了吸取教训、切实解决问题的时候了！显然，马永伟主席意识到这个报道背后暴露出来的保险业营销员管理体制问题。随即，中国保监会督促全行业积极探索保险营销员的管理模式，改进管理方法。这一事件成为中国保监会成立之初非常大的一起声誉风险事件，而事件风险所形成的一个重要原因在于当时没有风险排查意识，对营销员管理体制中存在的诸多问题没有引起高度重视，更没有预案准备可言。

多年之后再回顾对这一声誉风险事件的处置，有不少教训应当吸取，尤其在内部管理、产品设计、业务流程、外部关系等领域形成风险排查机制方面，需要特别加强，这样才能防患于未然。早发现、早处置，是代价最小的声誉风险管理手段。在排查时要注意换位思考，多站在客户、公众和媒体的角度看问题，学会用局外人的眼光审视各种规则、管理和公共产品，视角变了，可能就会找出矛盾。比如 2003 年 8 月，天安保险公司推出酒后驾车险，公众认为这是为不道德的驾车行为埋单，是鼓励不遵守交通规章的违法违规行为，进而引起媒体热议，中央电视台二套经济频道还专门制作了节目。当时的天安保险公司觉得自己很冤枉，认为酒后驾车险只是为了赔偿驾车人对第三方的伤害损失，不是鼓励他们酒后开车。实际上，这就反映了保险机构在声誉风险管理上，还没有对产品设计、对外关系等经常进行风险排查，更不懂得转换视角看自己。

关于情景模拟演练。《办法》第十七条提出，银行保险机构应定期开展声誉风险情景模拟和应急演练，检视机构应对各种不利事件特别是极端事件的反应能力和适当程度，并将声誉风险情景纳入本机构压力测试体系，在开展各类压力测试过程中充分考虑声誉风险影响。

有这样一个案例。2007 年，各地开始实行第三者交通事故强制责任保险（以下简称交强险）。然而，首都经济贸易大学的庹国柱教授在调查中听闻交强险存在暴利。当年 4 月 17 日，《重庆商报》记者袁鉴报道交强险存在巨额暴利。而从当年 3 月开始，刘家辉、孙勇等律师在网上联名要求进行交强险听证。《人民日报》《中国青年报》等刊文要求监管部门严格监管。一时间，各个媒体指责保监会"跟保险公司穿一条裤子""交强险暴利，是保监会带着保险行业对老百姓的赤裸裸掠夺"，整个保险行业面临巨大的声誉风险，经受了舆论的巨大压力。当年 6 月中旬，保监会指导行业出台浮动费率办法。在吸取前期应对舆论教训的基础上，为了能平稳落地，保监会指导各财产保险公司开展舆情模拟演练，推动各机构要适应舆论环境，从新闻发布、销售人员口径、信访投诉接待到专家引导、媒体联络等，都进行了多次模拟演练。演练的方式包括沙盘推演，组建模拟小组步步推导，寻找漏洞，及时完善；情景演练，组织了记者招待会、客户极端事件现场处置等，邀请各部门负责人现场观看和答疑，实现完整的模拟。事后证明，这些做法非常有效，使得交强险浮动费率顺利出台，各方舆情反映平稳。

　　声誉风险的应急演练，核心是情景的模拟，重点是对参与者表现的评估。目前社会上有很多机构从事应急模拟演练，其中也有关于声誉风险方面的。一般来说，声誉风险演练包括纸面推演和情景实战两种，前者着重通过文案的分析、组织和撰写，体现对参加人员声誉风险应急事件的处置状况；后者是通过类似脚本的演绎，通过角色的扮演、表达、行动等，完成对声誉风险事件的处理。从环节上看，演练大致包括启动、实施、评估、总结四个阶段，分别代表着向参加者介绍基本情况和提出要求，以小组为单位组织讨论、研究、实施，由有关专家或领导者对活动情况进行评价，分析是否准确、到位、合理、合规等，最后是个人和单位进行总结，查找不足、弥补漏洞。

关于声誉风险应急事件模拟事件的演练设计，一般要遵循下面几个原则：

一是贴合业务。应当紧紧结合业务特点，根据业务中经常出现的矛盾、困难、意外事件设计案例，在可能发生的负面声誉效果上，应以烈度最大、波及面最宽为边际，使得演练具有挑战性、启发性。

二是科学分组。演练往往需要分组分类，在划分时要注意结合工作职责特点，让演练者不脱离本职。

三是重视评估。评估环节是提升演练水平和演练者能力十分重要的手段，要在选择评估人员、确定该评估标准和表达评估意见时，精心组织。尽量选择相对权威、超脱的人员充当评估老师，在评估标准上要体现演练目标和方向，表达清晰。特别是在确定评估标准时，要注意可比较。

比如，银行机构在处理信访投诉引发的舆情应急事件时，就要在评估中将信访接待方式方法、处置过程和效果、媒体介入应对以及与信访人反馈等设计成可比较的标准。

四是他山之石。在模拟演练中，可以加入其他行业、其他领域相关事件的处置参考，运用相关经验教训，促使参加人员在演练中细心揣摩和体会。

五是媒体参与。声誉风险处置的模拟演练，最好有媒体参与，或者设置媒体参与的角色。在现代社会中，任何一起声誉风险事件，都会有各种媒体的广泛参与，换句话说，声誉风险形成中的重要因素，就是媒体的介入和传播。所以在模拟演练中，务必加入媒体的因素，使得演练更趋向于真实状态。

关于联动防范机制建立。《办法》第十八条要求：银行保险机构应建立与投诉、举报、调解、诉讼等联动的声誉风险防范机制，及时回应和解决有关合理诉求，防止处理不当引发声誉风险。

声誉风险的产生是多方面的，在投诉、举报、调解、诉讼等方面处置不当，已经成为近年来最主要的诱因。2021年初黑龙江嫩江发生的某寿险公司原员工张乃丹举报事件，起因就是该公司嫩江支公司在处理本单位员工的投诉中，存在重视不够、解决不畅的问题，导致投诉拖延不决、矛盾激化，最后投诉人将内部投诉变为网上举报，致使发生重大舆情。显然，建立与投诉、举报、调解、诉讼相关的联动机制，能够从根本上遏制声誉风险的发生。一般来讲，这样的联动机制大致包括以下几个环节：一是相关信息的反馈机制，即上述工作在处置过程中，应当向声誉风险监管部门进行真实反馈，确保这些信息能够让声誉风险监管部门知晓。二是监测通报机制。声誉风险管理部门具有舆情监测职能，投诉、举报、调解、诉讼等工作的网络反映、社会反响，应当被纳入重点监测范围，并通报职能部门，有助于相关部门调整工作进度、改进工作方式、弥补工作疏漏。三是预警会商机制。在投诉、举报、调解、诉讼处置过程中，如果发生矛盾激化、媒体参与、网络热搜等情形，相关部门应与声誉风险管理部门及时会商，相互通报情况，谨慎研判事态发展，形成舆情处置预案和应对措施。

普通的投诉为什么会演变成大舆情？本人曾在一篇文章中认真分析过，大致有以下几种情形。一是久拖不决。金融服务类投诉，一般会从信访函件、电话投诉开始，一开始就蓄谋制造舆情的毕竟是极少数。这个环节是解决问题、避免演变成舆情的最佳时期。如果问题长时间得不到解决，投诉人才会发布到网上，从上访变成上网，上网之后舆情风险就出现了，但要重视起来，抓紧解决也仍然会保持事态平稳可控。但如果继续拖着不解决，当事人无奈时会寻求媒体的帮助。媒体的介入，可以看作舆情形成的初步标志。从舆情发生的程度讲，这三个步骤逐步加深，解决的难度越来越大。二是敷衍了事。解决问题不彻底，还不如不解决，反而是对消费者的愚弄和欺骗。态度不真诚，会使消费者从对服务的不满意扩大到对工作人员、涉事高管以及机构乃至金融单位形象的极度不满意。三是不讲原则。对于相当多的金融服务类投诉，金融机构往往采取息事宁人的做法，一退了之、一解了之、一赔了之。事实上，消费者的诉求，除了经济补偿之外，还有对金融机构管理和治理的审视。无原则的解决，埋下了消费者对机构的轻视、不信任和质疑，这些会为以后舆情风险爆发埋下更多的炸弹。

关于新闻宣传机制。《办法》第十九条要求：银行保险机构应主动接受社会舆论监督，建立统一管理的采访接待和信息发布机制，及时准确公开信息，避免误读误解引发声誉风险。

处置工作，还包括应对处置方法是否得当：在舆情监测上是否及时，争分夺秒争取最佳时机；舆情研判是否准确，迅速把握舆情发展方向，确定应对策略；应对负责机制是否顺畅高效，各个层级各负其责，不推诿敢担责；回应口径是否合适，聚焦舆论质疑兼顾社会感受等。

重视舆论监督，建立统一的回应机制，是声誉风险的必杀器。我本人曾对此评述过，涉众类金融服务，就是要接受百姓挑剔。百姓无论是满意还是不满意，皆属正常。正向型金融机构，往往把百姓的挑剔及不满意，作为改进服务、弥补不足、自我提升的良药，而不是讳疾忌医。

媒体监督更是必要。正确看待媒体的批评，是非常重要的。媒体的监督式报道是不是恶意炒作，关键看基本内容是否属实，是不是无中生有、生编硬造、移花接木；是不是哗众取宠，小题大做、博取眼球、追求点击率和上热搜，特别是标题是否与正文合拍。

个别金融机构视维权上网、信访投诉、媒体批评如虎，一概定为负面舆情，动不动就要追究相关人员的法律责任。一刀切思维下的"大刀切"做法，往往会把送上门来的苦口良药和健身妙药打跑，甚至将这样的好事情"逆"转成真的重大舆情风险。显然，对负面信息"草木皆兵"，并不能杜绝舆情风险事件发生。

关于声誉资本积累。《办法》第二十条要求：银行保险机构应做好声誉资本积累，加强品牌建设，承担社会责任，诚实守信经营，提供优质高效服务。

何谓"声誉资本"？声誉资本是企业给社会公众的综合印象，是企业无形资产的总和。企业"声誉资本"是由口碑、形象、美誉、表现、行业地位、舆论反映、社会责任等组成的综合性"名声指标"的统称。它并不直接体现在企业的资产负债表、损益表上，却是企业发展的关键性因素。积累企业声誉需要长期、持续的努力。声誉资本是企业最强大的软性竞争力，美国著名声誉管理大师凯文·杰克逊称之为"企业最宝贵的资产"。可见，声誉资本的积累，是机构增长软实力的需要，也是声誉风险管理的最终目标。

做好声誉资本积累，需要在多个方面发力。《办法》要求要在四个方面下功夫，即加强品牌建设、承担社会责任、诚实守信经营、提供优质高效服务。毫无疑问，上述四个方面是声誉资本的核心。我理解，一是品牌建设上层次。金融机构要结合企业实际，在品牌塑造目标、实施方案和资源投入上精心谋划。二是社会责任要坚持。机构承担社会责任，不仅仅是自身社会属性的要求，也是构建声誉资本的重要内容和框架。银行保险机构一般每年都要发布社会责任报告，这方面工作开展得很广泛，但总结传播不太到位。三是诚实守信要坚守。金融机构经营必须要诚实守信，这是金融行业的生命线，是经营的底线。很多声誉风险事件来源于诚实守信出了问题。对很多机构来说，超过一半以上的舆情事件与诚实守信有关。四是高效服务得人心。重体验，是金融消费的一大特色。其实，机构是否能够做到高效，往往关乎口碑和声誉。很多服务类舆情的发生，正是机构不能提供优质高效的服务所致。这方面的教训值得很好地吸取。

关于声誉风险管理的审计机制。《办法》第二十一条要求，银行保险机构应将声誉风险管理纳入内部审计范畴，定期审查和评价声誉风险管理的规范性和有效性，包括但不限于：（一）治理架构、策略、制度和程序能否确保有效识别、监测和防范声誉风险；（二）声誉风险管理政策和程序是否得到有效执行；（三）风险排查和应急演练是否开展到位。

将声誉风险管理纳入审计体系，标志着金融机构内部有明确的规则督促这项工作的落地。金融机构内部审计是金融机构组织内部的一种独立客观的监督和评价活动，它通过审查和评价金融机构经营活动及内部控制的真实性、合法性和有效性来促进组织目标的实现。在实际工作中，应当加强相关审计。一是确保声誉风险管理明白无误地纳入审计项目中。有些机构口惠而实不至，没有把声誉风险管理作为必审内容或者"软审计"，走过场。二是要遵循声誉风险管理工作的专业性特征，抓住管理的核心和硬指标，纲举目张、提纲挈领。不少机构内审人员觉得声誉风险的审计没有抓手，不像数据报表那样实在，因此产生畏难情绪，躲着走。三是将审计的结果束之高阁，没有起到指导实践、改进相关工作的作用。

关于同业维护方面。《办法》第二十二条规定，银行保险机构应加强同业沟通联系，相互吸收借鉴经验教训，不恶意诋毁，不借机炒作，共同维护银行业保险业整体声誉。

　　近年来，银行业、保险业都曾发生过遭遇同业诋毁或相互攻击的情形。特别是前些年，一些机构粗放发展，不重效益，不讲规则，跑马圈地，相互之间发生互相挖角、互相抢人的情况。有些机构利用同业发生舆情风险、出现负面报道的时机，暗地里鼓动媒体深挖、爆料，使得行业负面舆情和声誉风险居高不下。在此种情况下，原银监会引入声誉风险的概念，加强声誉风险管理，出台指引，规范同业之间的竞争行为，坚决禁止相互诋毁。原保监会自2014年开始加强声誉风险管理，出台办法，加强对保险机构的管理和规范。以上做法都取得很好的效果，风行多年的行业恶习逐渐得以改正。

第十三章　　金融业舆情风险的
应对

在已爆发的舆情风险中相当一部分是因处置不当而造成的，回应不当就是处置不当，回应缺乏真诚，言语表达不准，选择时机不对，都可能产生新一轮舆情风险。由此可见，第一时间反应未必等于第一时间有效回应，通盘考虑后，寻找合适的时机、选择合适的方式应对才是明智之举。

移动互联时代金融业舆情的特点

金融业的特殊性，使得舆情呈现频发、多样化、交替出现的特点。金融业服务具有特殊性，与社会经济发展、百姓生活息息相关。因此，在移动互联时代，金融业舆情发生的形态、内容，往往跨行业、跨专业、跨领域，影响更为普遍和多样，舆情泛社会化、通俗化特点突出。此外，近两年相似舆情交替出现的情况增多，容易陷入"两次踏进同一条河"的尴尬，这种现象值得重点关注。

金融业舆情处置不当容易引发次生舆情。当前，除了原发舆情引发的动荡和风波之外，因舆情处置不当而造成的次生舆论风险也不容忽视，自 2021 年以来就有多起金融业舆情事件演变为影响广泛的次生风险。比如，因信息发布者与网民意见相左，致使观点对立，难以统一、难以调和；或者因缺少道义支持，成为媒体"万炮齐轰"的目标。一旦对立形成，网民就会选择用脚投票，进而形成难以遏制的汹涌澎湃的舆论风波。有统计显示，几乎一半以上的舆情风波是因处置不当而造成的，而非原生舆情所致。

金融业应关注的舆情敏感点

从金融机构来看，有六个舆论敏感点应引起重视：一是因金融机构管理层内部矛盾激化或高管人员刑事犯罪而演变为"头部舆情事件"。二是金融机构因销售出现产品误导、宣传信息错误、客户适当性不足等问题而引发的舆情，此类涉及消费者保护的舆情事件数量虽多，但最终酿成重大舆情的一般不多，个别情况下，相关纠纷会升级为法律维权、诉讼或上升到性别、地域、职业歧视等层面。三是金融业部分过时、不合理的政策法规、条款、程序等导致负面舆情。比如，某银行客户为母亲取款时，就遭遇了证明"我妈是我妈"的困境；保险机构也有类似的舆情事件，客户办理理赔时，保险公司要求对方出具刚刚发生的恶劣天气预报来自证保险理赔的合理性。四是金融业服务对象广泛，往往涉及知名人士、知名机构或涉及外事民族宗教等特殊或敏感领域，易于诱发舆情事件。比如，2021年上半年某银行与某脱口秀演员之间的纠纷，就因该演员在微博中传播与金融机构的交涉短时间内广为各界关注。五是涉及事件冲突显著具有戏剧性。当前，中国加速步入老龄化社会，预计"十四五"期间60岁以上老年人将占到20%。一些骗子利用老年人需要陪伴的心理诉求，乘虚而入通过花言巧语，让老年人购买所谓的"冻结资产"和超出自身风险承受能力的投资型、理财型金融产品。这些事情有一定的故事性，存在着矛盾冲突，容易在网络传播进而波及金融业。六是相对而言，金融业从业人员的不当言论、行为等也容易成为舆情爆发点。近几年，不少发生在金融业的舆情事件，就是因为部分员工的行为不检点，甚至违反公序良俗、触犯法律法规而造成的。

从监管部门来看，因为银行与百姓工作生活息息相关，从储蓄利率到营业服务，几乎每项监管政策的调整都会牵动大众和社会神经。若出台的监管政策、采取的措施考虑不周，就会陷入负面舆论的旋涡之中。比如，在政策制定中未能将未成年人、打工人群、流动人口、失智失聪失能等特殊群体的需求考虑进去，或没有全面考虑其生理、心理特点，造成政策的普适性不够。因此，每当出台事关百姓切身利益的监管政策时，应提前预判、评估可能产生的舆论影响。另外，成为金融监管部门重点关注对象的金融机构也可能引发新舆情风险。比如，某类银行机构在高管犯罪、化解地方债务等方面存在一定风险或因谣言造成挤兑事件等。此外，监管系统的反腐案件、因媒体报道不准确甚至错误报道等造成的市场波动、干部变动与任命、监管系统工作人员的言行和作风等细节也可能成为舆情敏感点。

摸清舆情演变的三个链条，有效处置舆情

尽管舆情千变万化、错综复杂，但也有其规律和特点，了解舆情发展的链条，有助于将看不见、摸不着的舆情看得真真切切、清清楚楚，为提前预判舆情和舆论动向做好准备。笔者认为，舆情有三个发展链条：第一个舆情链条始于媒体报道或网络曝光，可以称之为"消息树"。举例来说，监管部门和金融机构的消费者权益保护部门就是媒体的"消息树"；微信、微博等新媒体传播的内容也是一种"消息树"。通常在网络传播中"消息树"会遭遇"大广播"，这个"大广播"就是来自新媒体的评论，一旦意见领袖（KOL）、网络写手基于"消息树"撰写文章并在网络上广为传播，舆情发展就进入了第二个链条，可称之为"草

原狼"效应。众所周知，在草原上如果有动物死了，草原狼就会蜂拥而至，瞬间将动物尸体蚕食一空。部分网络媒体对于具有引爆舆情潜质事件的追捧程度就具备这种特点，一旦发现相关新闻和事件发生就会蜂拥而至，争相转载，短时间内形成舆论浪潮，向难以阻止的方向迅速演变。第三个舆论链条是形成舆情事件。有人用传播率、到达率、风险率、爆发率等数据量化舆情标准。笔者认为，有三个简单易行的方法可以确定是否形成了舆情事件：一是领导关注并过问；二是朋友打探，特别是与事件没有直接关系的朋友开始打探；三是成为公共空间公众闲聊的内容。若三个因素同时具备，一般就可以断定舆情事件已经形成。

一旦确定舆情广泛传播，就要积极寻找应对和处置的有效办法。第一，积极但更需谨慎回应。在已爆发的舆情中相当一部分是因处置不当而造成的风险，回应不当就是处置不当，回应缺乏真诚，言语表达不准，选择时机不对，都可能产生新一轮舆情风险。由此可见，第一时间反应未必等于第一时间有效回应，通盘考虑后，寻找合适的时机、采取合适的方式应对才是明智之举。第二，放低身段，主动担责。回应者要放低身段，以平等的身份与外界交流，并敢于承担应有的责任。第三，争取占领道义制高点。比如，对于监管部门而言，保护消费者合法权益就是道义的制高点。在舆情回应中，监管部门和金融机构应清晰地、明确地表达维护消费者权益的态度，这是至关重要的。第四，依法办事，说清法理。回应要符合相关法律法规，按规矩办事。第五，讲究引导舆论和发布信息的技巧。舆情应对和新闻发布应有所统筹，摆布要有层次。比如，有些回应由行业协会出面更为妥当，而有些回应则应请有影响力的媒体发声更为合适。第六，巧妙设置发布时机和回应平台。新闻发布时机的判定是一种长期实战经验的积累，甚至是专职人员的直观感觉。一般来讲，最好的时机就是可以准确充分表达己方观点、立场、判断、信心的时机，最好此时媒体进入相对冷静期，涉事各方回应也相对理性。在回应平台的选择上也并非越大越好，选择原则主要是要与发布内容、发布目标相匹配。在发布方式上，可根据舆情状况相机抉择：低调发布，一般选择三五家媒体报道、吹风即可；中调发布，一般放在官网非显著位置，不提示媒体、不辅导记者；高调发布，一般召开新闻发布会，或者发布声明，或者授权某个媒体独家发布。

　　找到处置舆情的办法后，还应坚持几项基本原则。第一，"黄金 72 小时"原则。这是处置舆情非常重要的一项原则，笔者认为应注意几个关键环节。首先，要监测到、看到，同时要迅速上报机构领导，迅速研判舆情是否具备发酵的因素，是否需要第一时间回应。此外，72 小时之内，还要完成与相关部门的沟通，做好统筹协调，并尽快完成回应稿的撰写。第二，事不过三原则。当然，除了一些过程性强、持续时间较长的事件需多次发布、碎片性发布之外，多数舆情事件的对外回应，一般不超过三次。首次回应要尽量对外界释放高度关注和重视的积极态度，发出正在排查、解决相关问题和风险的信息；第二次回应要说明事情处置的初步进展或者结论，以及传达相关行业、机构、产品、地域、市场等是否平稳有序的信息，主动引导舆论；第三次回应要主动报告事情的处理结果，并在此基础上认真分析总结经验教训，补齐制度短板，改进相关工作。第三，呼应主业原则。这条原则通俗来讲，就是监管说监管的话，不能替机构去说话，应有意识把握分寸、发表适宜身份的言论。第四，痛点即爆点原则。在舆论的世界，金融监管所遭遇的舆情与其他部门本质上没有任何不同，通常工作中的痛点可能就埋藏着舆情的"地雷"，因此，定期排查、梳理工作中的漏洞和痛点是有效防止负面舆情的手段。第五，拒绝说谎原则。按照过往经验，试图靠说谎、不真实数据、虚假信息平复舆论风波，几乎是不可能成功的。应根据舆情发展情况选择回应的发布时机，发布内容上需经过仔细推敲和斟酌，以事实为基础，有理有据对舆论加以引导，切不可一味地隐瞒或者躲避。

第十四章 不能忽视的五大金融舆情痛点

近年来，金融舆情呈现多点、多发、串发、复发的趋势，从侧面折射出人们对金融服务要求和期望的提高。一般来说，金融舆情大多由消费者维权投诉衍生而来，通常不会发展为严重的舆情事件，但因少数事件处置不当进而演变为重大舆情导火索的，近几年却也屡见不鲜，相关处置经验教训值得总结和研究。

过度宣传，推高负面信息传播影响力和破坏力，形成"落差舆情"

多数金融机构十分重视企业的正面宣传，将正面宣传视为企业常规性、日常性、必备性的事务，除了设置专人专岗并提供专门经费外，每年还要投入诸多财力物力，进行企业品牌建设、形象维护以及宣传产品、业绩等公关体系的建设。据不完全统计，我国主要金融机构每年在中央电视台投放的广告占到了该媒体广告费收入总额的三分之一，每年的宣传费用支出在各类行业费用中，更是多年位居首位。如此庞大的投入，确实让金融机构的身影无处不在，在室内室外、文化旅游、体育赛事、铁路航空等领域，金融机构的品牌宣传比比皆是。一些金融机构，更是依靠公关机构的精心谋划，在各类宣传工具手段齐上阵的大手笔、大制作之下，极大地推高了知名度，增强了美誉度。毋庸讳言，如此强大的正面宣传策略，对金融机构占领市场、赢得客户信赖、扩大产品销售作用明显。然而，其衍生出的负面影响也随之而来，伴随着正面宣传的持续增加，"落差舆情"也由此形成。这主要源于金融消费者期望值的走高，造成网民、非利益群体对知名金融机构道义层面的评判更为挑剔。有专家将此现象与一些演艺人士的"人设崩塌"相类比，认为这既是言行不当、品行不端暴露的结果，也是日常自我包装过度和极度追求的必然。如此类比虽未必精准，但所揭示的道理却是相似的。

与正面宣传截然相反，现实中，金融机构在宣传中几乎不考虑金融消费者投诉的因素，反而认为正面宣传越强势，金融消费者投诉就会下降，舆情风险就会越低。这恐怕是认识误区。宣传与舆情处置，虽有相互辅助的关系，但也有各自的工作规律和目标方向，至少目前没有研究成果证明两者之间存在互相对冲、此消彼长的关系，金融消费者也并不会因为高能量的正面宣传而忽略对事件的关注。

处置不当，小投诉演变成大爆发，形成"低效舆情"

舆情处置有很强的专业性、技巧性，在新形势下，往往要遵循互联网传播的规律和特点，采取网来网去、网言网语、网思网想，同时还要讲究发布技巧，斟酌回应口径。因此，在处置负面舆情时应遵循一些基本原则，若违背这些原则，不但大事不能化小、小事不能化了，还可能将"小事搞炸"。

一是久拖不决。金融服务类投诉，一般始于信访函件、电话投诉，一开始就蓄谋制造舆情的为极少数，因此，处理投诉环节往往是解决问题、避免舆情扩大的最佳时期。通常只有投诉长时间得不到解决时，投诉人才会从上访变成上网，上网后舆情风险就容易出现，所以只要足够重视，抓紧解决问题，就能保持事态的平稳可控。但如果久拖不决，投诉人无奈之下寻求媒体帮助的概率就会增大。媒体介入可视为舆情形成的初步标志，解决难度也会越来越大。

二是敷衍了事。解决问题不彻底，还不如不解决，反而容易让消费者产生被愚弄和被欺骗的错觉。若态度不真诚，就会造成消费者的不满，甚至从对服务的不满，扩大至对工作人员、涉事高管乃至金融机构形象的不满。

三是不讲原则。对于相当多的金融服务类投诉，金融机构往往一退了之、一推了之、一赔了之。事实上，金融消费者的诉求，除了经济补偿之外，还有对金融机构管理和治理的审视。无原则的解决，只会埋下金融消费者对机构的轻视、不信任和质疑，这些都会为日后的舆情爆发埋下更多导火索。

此外，还应充分考虑舆情监测是否及时，舆情研判是否准确，应对处置方法是否得当，应对负责机制是否顺畅高效，回应口径是否合适，等等。

单打独斗，没有占领道义制高点，缺少舆论同盟军，形成"孤军舆情"

应对舆情，需要对自身宣传资源的统筹调度和全面谋划。"养兵千日用兵一时"，平时对各类宣传资源的维护，在舆情应对中应发挥实实在在的作用。首先，坚持社会责任、职业道德、机构使命和公序良俗，把保护消费者权益放在首位，在舆论交锋中占领道义制高点。在此思想指导下的应对措施或回应口径，更能获得社会各方认同。其次，动员已有宣传资源，建立舆论同盟，宣传好自身主张。金融机构大都有跑口记者，有"两微一端"以及行业报刊，这些都是宝贵的宣传资源。社会主流媒体尤其是行业报刊的支持、理解和合作，对舆情处置十分重要，甚至可以发挥扭转局面的作用。获得主流媒体的支持，前提是应对之举符合道义，任何偏执、掩盖、躲避、推卸、撒谎等行为，很难取得主流媒体的认同，真诚、坦荡、积极、担责等可以获得较多主流媒体的认可和理解。

认知偏差，混淆消费维权、媒体监督与恶意炒作，"一刀切"形成"草木皆兵舆情"

涉众类金融服务，就是要接受百姓监督甚至是挑剔。正向思考的金融机构，往往把百姓的挑剔和不满，作为改进服务、弥补不足、自我提升的良药，而非讳疾忌医。

媒体监督更是必要。正确看待媒体的批评，是非常重要的。判断媒体监督报道是不是恶意炒作的关键是要看基本内容是否属实，是不是无中生有、生编硬造、移花接木；是不是哗众取宠，小题大做、博取眼球。从近年来发生的舆情看，是否有意"贴标签"可以作为判断媒体报道性质的重要方法。

个别金融机构视维权上网、信访投诉、媒体批评如虎，一概定为负面舆情，动不动就要追究其法律责任，如此"草木皆兵"，并不能杜绝舆情事件发生。反之，在"一刀切"思维影响下，往往会将"苦口良药"逆转成重大舆情。改变"一刀切"思维方式和处置方法，关键是实事求是，将舆情与自身存在的问题紧密结合，深入分析舆情诉求，特别是表现在回应口径上，应把握"三不"原则："不求全责备"，在舆情内容上，只要比较重要的事实是准确的，就应积极肯定和感谢公众和媒体的监督；"不做无根据臆测"，如果没有确凿事实，一般不应动辄指责媒体和网民"别有用心""受人指使"；"不说绝对话"，在没有充分调查和了解的基础上，不要对媒体使用"绝对""完全""彻底"等词语。

累加效应，多起金融服务投诉事件的积累，形成"火山舆情"

通常金融服务点多面广，即使在尽力解决的情况下，仍然存在累加效应，如同火山能量的缓慢积累，到一定时候就会形成巨大的喷发。因此，跟踪服务类投诉、报道是十分必要的，应观察其演变和累加趋势，科学预判出舆情爆发的苗头。

一般来说，"火山舆情"具有三个明显特征：一是涉事群体多为弱势群体，此类群体的逐步扩大势必引起社会各方的高度关注；二是金融机构始终解决不好或解决不了的问题，致使舆情隐患长时间存在；三是非利益群体和媒体的高度聚焦，是希望对此类事件的彻底解决，以达到推动金融行业自我革命、自我重生的目标。

总体来看，针对金融服务类舆情发生的原因，应制定相应措施有效避免和防范。特别应树立舆情应对"一盘棋"的观念，按照监管部门出台的《办法》，主动完善运行机制体制。同时，也要高度重视舆情处置模拟演练，只有日常勤下功夫，方能在危机面前不乱方寸。

第十五章　管理好金融舆情处置的三个"盲期"

　　监管部门和金融机构应及时把握主动权，组织包括主流报刊、电视、广播等媒体资源和微信公众号、短视频等各种传播工具，广泛传播权威发声，适时回应外部关切。高度重视对权威发声的传播，多组织二次传播乃至多次传播，有助于形成阶段性、压倒性的利我传播舆论态势。

　　金融舆情的应对，与舆情的酝酿、发酵、高峰、式微、消失相呼应，从舆情监测、分析研判、精准识别到积极管控、对外发声、主动引导、形象修补，步步为营，环环相扣。但在这一过程中，存在着一些特殊的时间阶段，表现为金融舆情演化复杂、应对节点出现空档、管理难度较大等特点，常常令涉事金融机构感觉无所适从，这些时间阶段就是金融舆情的处置"盲期"，包括舆情"发酵盲期"、舆情"高点盲期"以及舆情"回应盲期"。

"发酵盲期"：警惕九类舆情苗头

所谓金融舆情的"发酵盲期"，是介于出现舆情苗头到发展成舆情高峰、舆论热点之间的这段时期，此阶段的特点是舆情变化快，纷繁复杂，难以辨别舆情的未来走向。

金融舆情"发酵盲期"最显著的特点，是舆情苗头隐蔽性强。出现的舆情苗头因素往往并不突出，容易被人忽略，或者给人习以为常、司空见惯的假象，甚至反复出现；或隐藏较深，包含、掺杂在大量正面、积极事件或现象之中，不易察觉，难以分辨。个别舆情苗头甚至具有比较大的偶发因素，会因偶然的出现、传播和偶然的嫁接、对比、联想，导致金融舆情演化杂乱，烈度增强。概括来看，主要有九类金融舆情苗头需要特别关注。

涉政类。如涉及政治、政策、军事、宗教、外交、国家安全等敏感话题。表面上看，这类信息比较容易辨认和判断，但是实际情况却错综复杂，很多信息和主题往往改头换面，以不易分辨的面目出现。如某金融机构公布的季报、年报中所披露的部分项目信息可能与现行的房地产监管政策相左。这些内容易被一些专业人士或者专业财经媒体研究、发现后，提炼出来突出报道，并通过各种传播渠道扩散，形成舆论热点。又如一些金融产品上所标注的国家地图分界线、国旗国徽图案等存在显著错误等，也属于此类。

涉警类。包括涉及人身伤害、财物损失、社会安全的各种刑事、民事案件和纠纷等。近年来虽涉警类舆情呈现下降趋势,但如若与金融行业发生关联,仍然存在较大的舆情风险。2021年年底,江西省南昌市一位开着玛莎拉蒂的女司机,酒后驾驶被交警查处后,当场提出要找某警察局局长并大喊"yuwei"。有网友在网上搜索后,还真有发现,南昌市公安竟然有两个局长都叫"yuwei",一个是余炜,一个是喻炜。这样的舆情之所以影响颇大,主要是具备了"涉警"、女性金融高管、玛莎拉蒂跑车、酒后驾驶等舆情敏感要件。

涉黑类。涉及黑恶势力的舆情,在当前集中"扫黑除恶"的时代背景下,非常容易演化为舆情风险。目前涉黑类金融舆情,多集中在打击非法集资和整治P2P工作中。

涉富类。包括个别企业家、富二代以及金融高管等。此类人群不慎言行,往往引发社会情绪的强烈反感,特别是炫富行为、违反公序良俗的行为,尤其易于引发澎湃的舆情。如前些年一些金融从业人员到海外"扫货"的话题,曾一度引发社会关注。

涉未成年人。保护未成年权益,是全社会共识。涉及此类舆情往往易于引发广大网民公愤。金融机构应特别注意涉及未成年人的金融产品和金融服务,是否存在忽视、漠视和侵害未成年人权益的情况。前些年保险行业专门推出了"在校学生意外保险"，刚开始时学生自愿购买，一个人可以买很多份。后来发现，学生购买太多该类保险可能存在较大人身风险，所以很快出台政策，要求每人限购一份。如果因为未成年人购买多份意外伤害保险而发生舆情事件，发酵程度一定很高。

涉残障人士。应重点关注对残疾人士金融服务的便利性。近年来中国银行业协会积极推动各个银行机构设置残疾人士便利设施，社会反响很好，在一定程度上大大缓解了此类舆情事件的发生。同时，也要高度关注智障人士的现金和账户安全保护。

涉知名人士。2020 年，中信银行与相声演员池子之间有关信息泄露的舆情，即属于此类。

涉动物。近年来，保护动物日益得到社会各方重视。每年因涉及动物保护的舆情时有出现，造成的影响不容忽视。

涉官员。近年来，金融行业反腐败力度不断加大，涉案人员的金额、数量、层级等均引发社会各方面关注，其中隐含的舆情波动十分明显。

"高点盲期"：打有准备之仗管理好舆情真空期

所谓金融舆情的"高点盲期"，指舆情达到最高峰值，但金融机构尚未对外发声或者采取其他应对措施，这个阶段就是"高点盲期"。此阶段的主要特点是舆情烈度达到或者接近最高点，影响范围和程度最强，但尚未采取应对措施，最现实的挑战是如何管理好舆情真空期。

首先，要严肃宣传纪律，不随意发声、表态。在等待本部门、本单位权威发声的空档期，极易发生乱发声、抢发声、发错声、糊涂发声的情况。部分金融机构工作人员，尽管出发点很好，从维护机构自身形象的出发点，希望为所在单位发声，主动找媒体辩解或者声明、评论，力图缓解舆情压力，但很容易好心办坏事。如部分高管或员工，在没有获得授权的情况下，在不懂得、不了解宣传口径要求的情况下，凭着自己的理解和判断，面对媒体的登门采访和"随意"聊天，与媒体"畅所欲言"，聊出诸多话题，竟成为媒体报道的材料。

其次，要维护好媒体圈，多沟通多解释。"高点盲期"往往将舆情管理者置于尴尬的境地：一方面，舆情达到高峰，媒体和网民希望得到及时回应；另一方面，权威回应尚未出现，很令人焦灼。在此情形下，首当其冲的是做好媒体圈的维护。充分利用日常积累的媒体关系，做好安抚，多沟通多通报解释，至少要争取媒体不要火上浇油、无中生有、产生偏袒偏心。另外，还要利用一些比较有把握的材料，积极组织利我的报道。

再次，收集固定证据。"高点盲期"通常是各种舆论充分发酵的时期。要抓住这个时期，将一些无端攻击、造谣、不实、诽谤的传播信息收集整理好，不然随着舆情发展，这些信息可能被删除或自动失效，不利于后期对造谣生事者追究法律责任。

最后，促进行业信息交流。尽管舆情常常发端于单家金融机构，但对整个行业的影响不容小觑。因此，一家机构涉事，同行应互相关照，及时交流，至少可以迅速弥补涉事金融机构的短板和不足，从而防范火烧连营式的行业舆情蔓延。

"回应盲期"：因势利导主动传播权威声音

所谓金融舆情的"回应盲期"，是在权威发声之后的一段时期，这段时间内一般不可能再有权威回应或发布，最主要的工作是对发声之后的舆情进行管理。

主动传播权威声音，形成利我传播舆论态势。充分利用各种传播工具，主动加强对权威发声的传播，这对于监管部门至关重要。监管部门和金融机构应及时把握主动权，组织包括主流报刊、电视、广播等媒体资源和微信公众号、短视频等各种传播工具，广泛传播权威发声，适时回应外部关切。高度重视对权威发声的传播，多组织二次传播乃至多次传播，有助于形成阶段性、压倒性的利我传播舆论态势。

加强网评力量，为网络传播注入正能量。权威发声之后，应迅速拟定网评口径，让网评员成为网络舆论的引导员，持续关注网民诉求，及时调整网评内容、角度和节点、节奏，避免高级红、低级黑。同时，要多组织接地气的网评，实实在在给网络传播注入正能量。

注意次生舆情趋势，防止新舆情的发生。权威发声后，还要高度重视次生舆情。舆论交锋出现后，相伴随的次生舆情一般都会出现。要加强对舆情监测和研判，不能抱着权威发声后"高枕无忧"的心态，应持续关注事态和舆情的发展，随时做好应对准备。实践证明，如果次生舆情监测不到、管理缺位，很有可能上升演变为新一轮舆情。

适时提供新的宣传报道素材。注意主动做好舆论引导，在合适的时机及时发布新的新闻信息，有助于帮助处于舆论漩涡中的涉事机构较快转入正常工作状态。工商银行、招商银行、中国人寿等机构在这方面有很多可圈可点的地方，值得认真研究借鉴。

银行保险机构声誉风险
管理办法（试行）

第一章　总　则

第一条　为提高银行保险机构声誉风险管理水平，有效防范化解声誉风险，维护金融稳定和市场信心，根据《中华人民共和国银行业监督管理法》《中华人民共和国商业银行法》《中华人民共和国保险法》《中华人民共和国信托法》等法律法规，制定本办法。

本办法所称银行保险机构，是指在中华人民共和国境内依法设立的中资商业银行、中外合资银行、外商独资银行、信托公司、保险集团（控股）公司、保险公司。

第二条　本办法所称声誉风险，是指由银行保险机构行为、从业人员行为或外部事件等，导致利益相关方、社会公众、媒体等对银行保险机构形成负面评价，从而损害其品牌价值，不利其正常经营，甚至影响到市场稳定和社会稳定的风险。

声誉事件是指引发银行保险机构声誉明显受损的相关行为或活动。

第三条 银行保险机构声誉风险管理应遵循以下基本原则：

（一）前瞻性原则。银行保险机构应坚持预防为主的声誉风险管理理念，加强研究，防控源头，定期对声誉风险管理情况及潜在风险进行审视，提升声誉风险管理预见性。

（二）匹配性原则。银行保险机构应进行多层次、差异化的声誉风险管理，与自身规模、经营状况、风险状况及系统重要性相匹配，并结合外部环境和内部管理变化适时调整。

（三）全覆盖原则。银行保险机构应以公司治理为着力点，将声誉风险管理纳入全面风险管理体系，覆盖各业务条线、所有分支机构和子公司，覆盖各部门、岗位、人员和产品，覆盖决策、执行和监督全部管理环节，同时应防范第三方合作机构可能引发的对本机构不利的声誉风险，充分考量其他内外部风险的相关性和传染性。

（四）有效性原则。银行保险机构应以防控风险、有效处置、修复形象为声誉风险管理最终标准，建立科学合理、及时高效的风险防范及应对处置机制，确保能够快速响应、协同应对、高效处置声誉事件，及时修复机构受损声誉和社会形象。

第四条 银行保险机构承担声誉风险管理的主体责任，中国银行保险监督管理委员会（以下简称银保监会）及其派出机构依法对银行保险机构声誉风险管理实施监管。

第二章 治理架构

第五条 国有、国有控股的银行保险机构，要坚持以党的政治建设为统领，充分发挥党组织把方向、管大局、保落实的领导作用，把党的领导融入声誉风险管理各个环节。已建立党组织的民营资本或社会资本占主体的银行保险机构，要积极发挥党组织政治核心作用，把党的领导与声誉风险管理紧密结合起来，实现目标同向、互促共进。

第六条 银行保险机构应强化公司治理在声誉风险管理中的作用，明确董事会、监事会、高级管理层、声誉风险管理部门、其他职能部门、分支机构和子公司的职责分工，构建组织健全、职责清晰的声誉风险治理架构和相互衔接、有效联动的运行机制。

第七条 银行保险机构董事会、监事会和高级管理层分别承担声誉风险管理的最终责任、监督责任和管理责任，董事长或主要负责人为第一责任人。

董事会负责确定声誉风险管理策略和总体目标，掌握声誉风险状况，监督高级管理层开展声誉风险管理。对于声誉事件造成机构和行业重大损失、市场大幅波动、引发系统性风险或影响社会经济秩序稳定的，董事会应听取专门报告，并在下一年听取声誉风险管理的专项报告。

监事会负责监督董事会和高级管理层在声誉风险管理方面的履职尽责情况，并将相关情况纳入监事会工作报告。

高级管理层负责建立健全声誉风险管理制度，完善工作机制，制定重大事项的声誉风险应对预案和处置方案，安排并推进声誉事件处置。每年至少进行一次声誉风险管理评估。

第八条　银行保险机构应设立或指定部门作为本机构声誉风险管理部门，并配备相应管理资源。声誉风险管理部门负责牵头落实高级管理层工作部署，指导协调其他职能部门、分支机构和子公司贯彻声誉风险管理制度要求，协调组织开展声誉风险的监测报告、排查评估、应对处置等工作，制定并实施员工教育和培训计划。

其他职能部门及分支机构负责执行声誉风险防范和声誉事件处置中与本部门（机构）有关的各项决策，同时应设置专职或兼职的声誉风险管理岗位，加强与声誉风险管理部门的沟通协调，筑牢声誉风险管理第一道防线。

银行保险机构应指导子公司参照母公司声誉风险管理基本原则，建立与自身情况及外部环境相适应的声誉风险治理架构、制度和流程，落实母公司声誉风险管理有关要求，做好本机构声誉风险的监测、防范和处置工作。

第三章　全流程管理

第九条　银行保险机构应建立声誉风险事前评估机制，在进行重大战略调整、参与重大项目、实施重大金融创新及展业、重大营销活动及媒体推广、披露重要信息、涉及重大法律诉讼或行政处罚、面临群体性事件、遇到行业规则或外部环境发生重大变化等容易产生声誉风险的情形时，应进行声誉风险评估，根据评估结果制定应对预案。

第十条　银行保险机构应建立声誉风险监测机制，充分考虑与信用风险、保险风险、市场风险、流动性风险、操作风险、国别风险、利率风险、战略风险、信息科技风险以及其他风险的关联性，及时发现和识别声誉风险。

第十一条　银行保险机构应建立声誉事件分级机制，结合本机构实际，对声誉事件的性质、严重程度、传播速度、影响范围和发展趋势等进行研判评估，科学分类，分级应对。

第十二条　银行保险机构应加强声誉风险应对处置，按照声誉事件的不同级别，灵活采取相应措施，可包括：

（一）核查引发声誉事件的基本事实、主客观原因，分析机构的责任范围；

（二）检视其他经营区域及业务、宣传策略等与声誉事件的关联性，防止声誉事件升级或出现次生风险；

（三）对可能的补救措施进行评估，根据实际情况采取合理的补救措施控制利益相关方损失程度和范围；

（四）积极主动统一准备新闻口径，通过新闻发布、媒体通气、声明、公告等适当形式，适时披露相关信息，澄清事实情况，回应社会关切；

（五）对引发声誉事件的产品设计缺陷、服务质量弊病、违法违规经营等问题进行整改，根据情节轻重进行追责，并视情公开，展现真诚担当的社会形象；

（六）及时开展声誉恢复工作，加大正面宣传，介绍针对声誉事件的改进措施以及其他改善经营服务水平的举措，综合施策消除或降低声誉事件的负面影响；

（七）对恶意损害本机构声誉的行为，依法采取措施维护自身合法权益；

（八）声誉事件处置中其他必要的措施。

第十三条 银行保险机构应建立声誉事件报告机制，明确报告要求、路径和时限。对于符合突发事件信息报告有关规定的，按要求向监管部门报告。

第十四条　银行保险机构应强化考核问责，将声誉事件的防范处置情况纳入考核范围，对引发声誉事件或预防及处置不当造成重大损失或严重不良影响的相关人员和声誉风险管理部门、其他职能部门、分支机构等应依法依规进行问责追责。

第十五条　银行保险机构应开展全流程评估工作，对相关问题的整改情况进行跟踪评价，对整个声誉事件进行复盘总结，及时查缺补漏，进一步完善制度、规范流程，避免同类声誉事件再次发生。

第四章　常态化建设

第十六条　银行保险机构应定期开展声誉风险隐患排查，覆盖内部管理、产品设计、业务流程、外部关系等方面，从源头减少声誉风险触发因素，持续完善声誉风险应对预案和相关内部制度。

第十七条　银行保险机构应定期开展声誉风险情景模拟和应急演练，检视机构应对各种不利事件特别是极端事件的反应能力和适当程度，并将声誉风险情景纳入本机构压力测试体系，在开展各类压力测试过程中充分考虑声誉风险影响。

第十八条　银行保险机构应建立与投诉、举报、调解、诉讼等联动的声誉风险防范机制，及时回应和解决有关合理诉求，防止处理不当引发声誉风险。

第十九条　银行保险机构应主动接受社会舆论监督，建立统一管理的采访接待和信息发布机制，及时准确公开信息，避免误读误解引发声誉风险。

第二十条　银行保险机构应做好声誉资本积累，加强品牌建设，承担社会责任，诚实守信经营，提供优质高效服务。

第二十一条　银行保险机构应将声誉风险管理纳入内部审计范畴，定期审查和评价声誉风险管理的规范性和有效性，包括但不限于：

（一）治理架构、策略、制度和程序能否确保有效识别、监测和防范声誉风险；

（二）声誉风险管理政策和程序是否得到有效执行；

（三）风险排查和应急演练是否开展到位。

第二十二条　银行保险机构应加强同业沟通联系，相互吸收借鉴经验教训，不恶意诋毁，不借机炒作，共同维护银行业保险业整体声誉。

第五章　监督管理

第二十三条　银保监会及其派出机构应将银行保险机构声誉风险管理纳入法人监管体系，加强银行业保险业声誉风险监管。

第二十四条　银保监会机构监管部门和各级派出机构承担银行保险机构声誉风险的监管责任，办公厅承担归口和协调责任。

第二十五条　银保监会及其派出机构通过非现场监管和现场检查实施对银行保险机构声誉风险的持续监管，具体方式包括但不限于风险提示、监督管理谈话、现场检查等，并将其声誉风险管理状况作为监管评级及市场准入的考虑因素。

第二十六条　银保监会及其派出机构发现银行保险机构存在以下声誉风险问题，依法采取相应措施：

（一）声誉风险管理制度缺失或极度不完善，忽视声誉风险管理；

（二）未落实各项工作制度及工作流程，声誉风险管理机制运行不畅；

（三）声誉事件造成机构和行业重大损失、市场大幅波动；

（四）声誉事件引发系统性风险、影响社会经济秩序稳定或造成其他重大后果。

对于上述情形，可采取监督管理谈话、责令限期改正、责令机构纪律处分等监管措施，并可依据《中华人民共和国银行业监督管理法》《中华人民共和国商业银行法》《中华人民共和国保险法》等法律法规实施行政处罚。

第二十七条　中国银行业协会、中国信托业协会、中国保险行业协会等行业社团组织应通过行业自律、维权、协调及宣传等方式，指导会员单位提高声誉风险管理水平，妥善应对处置行业性声誉事件，维护行业良好声誉。

第六章　附　则

第二十八条　银行保险机构应当依照本办法制定本机构（系统）声誉风险管理制度。

第二十九条　银保监会及其派出机构批准设立的其他金融机构参照本办法执行，省级农村信用社联合社可参照本办法制定本省（区）农合机构声誉风险管理制度。

第三十条　本办法由银保监会负责解释修订，自印发之日起执行。《商业银行声誉风险管理指引》（银监发〔2009〕82号）和《保险公司声誉风险管理指引》（保监发〔2014〕15号）同时废止。

证券公司声誉风险管理指引

第一章　总　则

第一条　为引导证券公司有效管理声誉风险，完善全面风险管理体系，防范证券从业人员道德风险，维护证券行业形象和市场稳定，根据《中华人民共和国证券法》《证券公司监督管理条例》《证券期货经营机构及其工作人员廉洁从业规定》《证券公司全面风险管理规范》《证券从业人员职业道德准则》等法律法规及相关自律规则，制定本指引。

第二条　本指引所称声誉风险是指由于证券经营机构

行为或外部事件、及其工作人员违反廉洁规定、职业道德、业务规范、行规行约等相关行为，导致投资者、发行人、监管机构、自律组织、社会公众、媒体等对证券公司形成负面评价，从而损害其品牌价值，不利其正常经营，甚至影响到市场稳定和社会稳定的风险。

声誉事件是指引发证券公司声誉风险的相关行为或事件。

重大声誉事件是指造成证券公司重大损失、证券行业声誉损害、市场大幅波动、引发系统性风险或影响社会经济秩序稳定的声誉事件。

第三条　证券公司应建立声誉风险管理制度和机制，主动有效地识别、评估、控制、监测、应对和报告声誉风险，最大程度地防范和减少声誉事件对公司及利益相关方、行业造成的损失和负面影响。

第四条　证券公司应在战略规划、公司治理、业务运营、信息披露、工作人员行为管理等经营管理的各领域充分考虑声誉风险，并密切关注流动性风险、市场风险、信用风险、操作风险、法律风险、合规风险和信息技术风险等其他风险与声誉风险的交互影响和转化。

第五条　证券公司声誉风险管理应遵循以下原则：

（一）全程全员原则。证券公司应将声誉风险管理贯穿于公司各部门、分支机构、子公司以及比照子公司管理的各类孙公司（以下简称"子公司"）经营管理的所有领域。证券公司应培育全员声誉风险防范意识，要求全体工作人员主动维护、巩固和提升公司声誉。

（二）预防第一原则。证券公司应主动识别和防范声誉风险，加强对声誉风险的发生原因、影响程度、发展变化的分析和预测，及时作出应对。

（三）审慎管理原则。证券公司应对声誉风险及声誉事件进行审慎评估和判断，避免低估其可能造成的损失和负面影响。

（四）快速响应原则。证券公司应及时报告、主动应对和积极控制声誉事件，防止一般声誉事件升级为重大声誉事件。

第六条　中国证券业协会（以下简称"协会"）对证券行业声誉风险管理进行指导，重点关注行业整体性声誉风险，引导和协调证券公司应对和处置行业性声誉事件，并通过行业自律及宣传等方式维护和提升证券行业声誉。证券公司应配合中国证券业协会推进声誉风险管理的行业沟通协作，共同提升行业声誉风险管理水平。

第二章　声誉风险管理职责

第七条　证券公司应建立有效的声誉风险管理组织架构，明确董事会、监事会、经理层、各部门、分支机构及子公司在声誉风险管理中的职责分工。

第八条　证券公司董事会承担声誉风险管理的最终责任，应履行以下职责：

（一）推进公司声誉风险管理文化建设；

（二）确保将声誉风险纳入全面风险管理体系，确定声誉风险管理的总体目标，持续关注公司整体声誉风险管理水平；

（三）公司章程规定的其他涉及声誉风险管理的职责。

第九条　证券公司监事会承担声誉风险管理的监督责任，负责监督检查董事会和经理层在声誉风险管理方面的履职尽责情况并督促整改。

第十条　证券公司经理层对声誉风险管理承担主要责任，应履行以下职责：

（一）确定声誉风险管理组织架构，建立职责明晰的声誉风险管理机制，确保在公司董事会、经理层、各部门、分支机构及子公司之间实现快速响应和协同应对；

（二）确保声誉风险管理总体目标和相关制度在公司内部的有效传递和实施；

（三）充分了解公司总体声誉风险水平及其管理状况；

（四）配备满足公司经营管理需要并与业务性质、规模及复杂程度相适应的声誉风险管理资源；

（五）评估公司在重大经营管理决策或活动、重大外部事件中的声誉风险，并确定应对预案；

（六）建立有效的舆情监测系统或采取相应手段，支持声誉风险的及时识别和动态监测；

（七）决定声誉事件的处置方案，确定公司对外披露的口径；

（八）培育全员声誉风险意识，制定并督促实施相关培训计划；

（九）建立健全声誉风险管理的工作考核及责任追究机制；

（十）声誉风险管理的其他职责。

第十一条　证券公司首席风险官牵头负责声誉风险管理工作，并应当保障首席风险官能够充分履职所必需的知情权和资源配置。

第十二条　证券公司应设置新闻发言人。新闻发言人可由一人或多人担任，其中至少一名为公司高级管理人员。证券公司应保障新闻发言人能够充分履职所必需的知情权及资源配置。新闻发言人应具备较高的政治素质、媒介素质、专业素质，善于沟通，熟悉公司业务和经营管理全局及具备突发事件处置经验。

第十三条　证券公司应设立或指定部门或团队牵头负责以下声誉风险管理工作：

（一）建立健全公司声誉风险相关制度，制定声誉风险处理流程，组织实施整体声誉风险评估，提出综合建议并跟进，定期梳理、报告公司声誉事件，组织落实声誉风险培训；

（二）负责对外发布涉及公司声誉风险管理的日常信息，维护和管理媒体关系；推进官方平台建设，运用多种媒介形式推动公司正面、客观信息的主动传播；

（三）组织落实舆情监测、预警、研判和报告，提出舆情应对方案的建议并组织实施；

（四）负责制定声誉风险应对预案，处理公司声誉事件，协调组织声誉事件中的媒体对接和沟通；

（五）汇报公司声誉风险管理状况及重大变化。

第十四条　证券公司其他职能部门、业务部门、分支机构及子公司在声誉风险管理中的职责包括：

（一）主动识别、防范、报告公司经营管理各领域的声誉风险；

（二）参与声誉风险的评估、声誉事件的处置；

（三）落实应对方案中与本部门、分支机构或子公司有关的决策；

（四）其他声誉风险管理相关的响应、执行等。

第十五条　证券公司工作人员在执业过程中应遵纪守法、诚实守信、勤勉尽责，保持职业审慎，重视职业声誉，自觉维护客户和其他相关方的合法利益，不得进行任何损害公司和行业声誉的行为。

第十六条 证券公司应将声誉风险管理纳入内部审计范畴，对声誉风险管理的有效性进行独立、客观地审查和评价。内部审计发现问题的，应督促相关责任人及时整改，并跟踪检查整改措施的落实情况。

第三章 声誉风险管理制度和机制

第十七条 证券公司应制定并持续完善声誉风险管理制度体系，明确声誉风险管理目标、原则、组织架构、职责分工、管理流程和工作人员行为规范等要求，并通过评估、稽核、检查等手段保证声誉风险管理制度的贯彻落实。证券公司应定期评估声誉风险管理相关制度，结合实际情况及时做出更新。

第十八条 证券公司应确定可能影响公司声誉的风险来源，全面、系统、持续地收集和识别相关内外部信息，重点关注以下行为活动中可能引发声誉风险的驱动因素：

（一）战略规划或调整、股权结构变动、内部组织机构调整或核心人员变动；

（二）业务投资活动及产品、服务的设计、提供或推介；

（三）内部控制设计、执行及系统控制的重大缺陷或重大经营损失事件；

（四）司法性事件及监管调查、处罚；

（五）新闻媒体的不实报道或网络不实言论；

（六）股东、关联方或其他利益相关方发生声誉事件传导至证券公司；

（七）客户投诉及其涉及证券公司的不当言论或行为；

（八）工作人员出现不当言论或行为，违反廉洁规定、职业道德、业务规范、行规行约等相关行为；

（九）他人仿冒公司名称、商标、网址等侵权或误导公众行为；

（十）其他可能引发公司声誉风险的重要因素。

第十九条　证券公司应建立声誉风险事前评估机制，对公司经营管理各领域的声誉风险进行事前评估，主动防范声誉风险。证券公司可视情况通过情景分析或其他手段分析评估声誉事件发生的可能性及其对公司业务和声誉的影响程度。

第二十条　证券公司应根据事前评估结果，采取相应的声誉风险控制措施或手段，并应合理判断和预测风险的发展变化，适时调整控制措施。

第二十一条　证券公司应制定声誉风险应急机制，明确应急组织架构、职责分工、应急管理流程，确保在突发情况下声誉事件管控的及时性和有效性。证券公司应制定应急预案的情形包括但不限于：

（一）证券公司拟进行重大战略调整、重大商业创新；

（二）证券公司拟披露的公司经营业绩信息出现重大不利变化；

（三）证券公司拟提起或涉及重大法律诉讼、仲裁；

（四）证券公司或其董事、监事、高级管理人员涉嫌重大违法违规行为被行政处罚或追究刑事责任；

（五）证券公司出现涉及客户、工作人员的重大负面事件。

第二十二条　证券公司新闻发言人应对新闻媒体和公众关注的公司重大事项、重要活动及经营管理行为，及时阐述公司观点和立场，澄清虚假、不实或不完整信息，为公司和行业发展营造客观、良好的舆论环境。新闻发言人应加强与各级新闻宣传、网络信息主管部门的密切联系，确保对外沟通中各级相关单位的充分认知和彼此配合。对于证券公司一般声誉事件的对外沟通口径，应由声誉风险归口管理的高级管理人员和具有高级管理人员资格的新闻发言人审核后发布；对于重大声誉事件的对外沟通口径，应由声誉风险归口管理的高级管理人员、具有高级管理人员资格的新闻发言人和公司主要负责人审核后发布。

第二十三条　证券公司应建立统一管理的媒体沟通机制，规范向媒体发布信息的授权、审核、发布流程，及时对外发布和沟通公司观点和立场，澄清虚假、失实信息，避免误报、误读等不实信息在公众舆论环境中的扩散和升级。

第二十四条　证券公司应搭建满足声誉风险管理需要的信息系统或采取相应手段进行舆情监测与研判工作，依据影响范围和严重程度对监测出的声誉事件进行分级分类管理。

第二十五条　证券公司应根据声誉事件分级分类结果，明确相应的报告、决策和处置流程，包括但不限于：

（一）迅速反应。声誉风险关键信息应在公司规定的时间及授权范围内被快速、有效地传递和报告。

（二）协同配合。视事件具体情况考虑建立专门应急处置小组，负责制定、执行方案并统筹协调资源，确保职责明确、目标清晰、行动统一、信息共享、沟通顺畅。

（三）充分调查。充分了解或调查声誉事件的发生原因、传播渠道，研判声誉事件影响程度和发展变化。

（四）积极应对。采取合理的应对和补救措施，控制公司及利益相关方损失程度和影响范围；关注和分析舆情动态，适时调整应对方案；判断声誉事件的关联性影响，防止局部、单一声誉事件的蔓延或升级。

（五）舆情管理。根据声誉事件动态，按公司口径、适时适当、客观专业地进行对外信息发布和沟通，澄清片面和不实报道。

（六）评估改进。对引发声誉事件的问题进行有效整改。

第二十六条 证券公司应积极稳妥应对重大声誉事件。在重大声誉事件或可能引发重大声誉事件的行为发生后，指定高级管理人员牵头统筹，及时启动应急预案。

第二十七条 证券公司应明确声誉风险的报告内容、形式、频率和报送范围，确保董事会、经理层及时了解公司声誉风险水平及其管理状况。证券公司应根据监管部门或其派出机构等的要求报送与重大声誉事件有关的报告。

第二十八条 证券公司应建立工作人员声誉约束及评价机制，防范和管理工作人员引发的声誉风险，包括但不限于：

（一）制定工作人员声誉约束制度规范，明确工作人员需遵循法律法规、廉洁从业规定、职业道德操守、执业行为准则、个人行为规范和对外沟通原则；

（二）明确工作人员声誉管理的牵头部门，各业务部门及内控部门应根据工作人员声誉管理的职责分工，配合牵头部门进行声誉风险监测、识别、记录、处理和报告；

（三）将工作人员声誉情况纳入人事管理体系，在进行人员招聘和后续工作人员管理、考核、晋升等情形时，应对工作人员的历史声誉情况予以考察评估，并作为重要判断依据；

（四）建立工作人员声誉管理信息登记机制，记录人员不当执业行为及影响公司声誉的其他信息；

（五）指定专门部门对公司工作人员声誉约束及评价机制执行情况进行监督，定期或者不定期开展内部检查，对发现的问题及时整改，对责任人按照有关规定严肃处理。

第二十九条　证券公司应建立健全声誉风险管理的工作考核及责任追究机制，声誉风险的处置情况应明确纳入工作人员的考核范围，对引发经营管理相关声誉事件的责任人和相关部门进行责任追究，对相关问题的改进情况进行跟踪评价。

第四章　自律管理

第三十条　协会对证券公司及其工作人员的声誉风险管理情况进行评估、监督、检查。

第三十一条　证券公司在重大声誉事件或可能引发重大声誉事件的行为发生后，应在十个工作日内，向协会报告事件主要情况、应对措施及处理结果。证券公司对引发公司重大声誉事件的工作人员进行内部问责的，相关问责信息应按照协会执业声誉约束有关规定报送至协会。由于新闻媒体的不实报道或网络不实言论而引发的声誉风险，证券公司及其工作人员可以向协会提交能够证明其自身没有过错或责任的书面说明及相关证据材料。

第三十二条　证券公司及其工作人员违反本指引的，协会依据《中国证券业协会自律措施实施办法》对其采取谈话提醒、警示、责令改正等自律管理措施或行业内通报批评、公开谴责、暂停执业、停止执业等纪律处分。证券公司工作人员因个人原因违反本指引造成声誉风险，有证据表明证券公司已切实履行本指引关于工作人员声誉风险约束及评价机制要求并妥善处理的，可免于对证券公司采取自律管理措施或纪律处分。工作人员积极配合调查，主动自查自纠或者主动采取措施消除、减轻声誉风险造成的不良影响的，可对其从轻、减轻或免于采取自律措施。

第五章　附　则

第三十三条　工作人员是指以公司名义对外展业的人员，包括与公司建立劳动关系的正式员工、与公司签署委托协议的经纪人、劳务派遣至公司的客服人员等。

第三十四条　本指引由中国证券业协会负责解释、修订。

第三十五条　本指引自发布之日起施行。

搞好保险新闻宣传
促进保险事业健康发展

　　俗语曰：一言兴邦，一言灭邦。毛泽东说，革命要靠枪杆子、笔杆子。邓小平说，物质文明与精神文明要两手抓，两手都要硬。江泽民说，舆论导向正确，是党和人民之福；舆论导向错误，是党和人民之祸。由此可见，宣传与实业之间有着不可分割的天然联系。保险事业的发展也离不开保险宣传，况且业内有"保险是宣传出去"的共识，保险新闻宣传是保险宣传的重要组成部分，研究搞好保险新闻宣传，对做大做强保险业有着十分重要的意义。

一、识大体，顾大局，把保险新闻宣传工作摆上重要议事日程

　　全球经济一体化，讲的是知识经济和信息经济。新闻

宣传作为知识和信息的载体，搞好保险新闻宣传工作的重要意义凸显出来。在现代社会，新闻媒体对社会舆论的导向作用十分明显。如果新闻工作做得好，就会为保险业的改革和发展创造非常有利的舆论环境，就会有力地推进保险事业的发展。因此，中国保险监督管理委员会（以下简称保监会）对保险宣传工作十分重视。保监会主席吴定富就是保险宣传的带头人，用他自己的话讲，只要对保险发展有利，走到哪里，讲到哪里。我们专门从事保险新闻宣传工作的人员，更有责任研究做好自身的工作。

第一，保险产品所具有的特殊销售特点，决定了新闻宣传工作的必要性。保险产品大部分是营销人员推介出去的，在销售层面上属于买方市场，人们对于保险的需求首先在于对风险知识和保障理念的认识和了解，在于对保险功能和保险行业的认同和信任。这些显然都离不开宣传，其中包括新闻宣传。保险业的新闻宣传，是通过新闻媒体及时、准确地传播报道保险政策、法规和重要的会议、事件等信息。保险新闻宣传信息量大，权威性高，真实可信度强，载体覆盖面广。可以说从保险业诞生那天起保险宣传就开始了，保险新闻宣传工作关乎行业发展的百年大计，从某种意义上讲，今后我国保险业能否做强做大，既是对监管水平的考验，也是对保险宣传工作的重大挑战。

社会信誉是保险业的生命线，保险新闻宣传工作与社会信誉、行业形象息息相关。毫不夸张地说，如果新闻报道出了问题，一条短消息都可能损害整个行业的信誉，甚至引发信用危机，导致大面积的退保风潮，这不仅会影响保险业的正常经营，甚至可能影响整个金融业乃至社会的稳定。2001 年，一些地方出现的投连险风波，就是从沿海某省一家专业报纸的报道发端的，然后在全国不少省份迅速蔓延开来，局部地区随即出现了不正常的退保风潮。

第二，保险经营具有广泛的社会性，涉及广大被保险人的利益，保险新闻宣传具有责无旁贷的舆论监督作用。一方面，通过新闻报道，可以使社会更加了解保险，另一方面，通过新闻媒体的舆论监督作用，可以更好地促进保险市场规范运作，诚信经营，发挥保护被保险人利益的作用。对于保险业的监督管理，除了设立国家专门的监管机构以外，社会监督也是不可少的，而在社会监督里面，新闻媒体的舆论监督作用非常重要。2004 年 3 月，中央电视台某栏目的记者深入广东、深圳、福建沿海地区，通过大量的暗访，揭露了"地下保单"渗入内地保险市场的过程和内幕。节目播出后，引起保险监管机构的高度重视，立即对节目反映的各种情况进行认真的调查核实，并提请有关外国保险公司配合查处工作。目前，所涉及的外国保险公司已对销售"地下保单"的保险营销人员进行了处理。

第三，保险业做大做强的奋斗目标，要求保险新闻宣传工作要不断增强政治意识、大局意识、责任意识，能够为行业发展提供良好的舆论支持。通过及时、广泛、形式多样的新闻宣传，可以把党中央、国务院和中国保监会关于加快发展保险业、把保险业做大做强的方针、政策、措施迅速地传播出去，藉以统一思想、凝聚人心、振奋斗志；能够把保险业在改革、开放、发展过程中各种先进经验、优秀典型整理挖掘出来，发挥典型引路的重要作用；可以真实、客观地反映保险业发展中的各种新情况、新问题、新现象，揭示保险市场发展的新趋势，从而为行业发展决策提供重要的信息渠道和参考资料。这些都需要借助新闻宣传的力量，充分发挥新闻媒体的优势，进一步推进保险业的发展。

二、统一认识，摆正关系，是做好保险新闻宣传工作的前提

在保险宣传中，有多种错综复杂的关系，但是，只要我们抓住主要矛盾，着重处理好三种关系，就可以把握保险新闻宣传工作的全局。

（一）保险新闻宣传和广告宣传的关系

保险新闻宣传和保险广告宣传同属于保险宣传范畴，从宣传效果看都有利于扩大保险业的声音和树立良好

的社会形象。但是两者又有很大的区别。

1. 形式不同。新闻宣传的形式就是新闻报道的体裁，包括消息、通讯、评论、答记者问等，在媒体上是放在新闻版面、栏目、节目里的。广告的制作形式非常广泛，而且艺术性比较强，同一种产品可以有多种广告形式，在媒体上集中放在广告专版和专门的时间、栏目内。

2. 性质不同。新闻的基本特点是真实、新鲜、及时、准确，其中真实、准确是新闻的生命，新鲜和及时是新闻活力所在。广告一般不要求新鲜、及时、迅速，有些广告可以用同样的内容重复播出几年甚至几十年。新闻让人们知道发生了什么事情，而广告力图让人们加深对某个事物的印象。采发新闻不需要费用，而广告从制作到播（刊）出都需要费用。

3. 作用不同。新闻报道的目的是满足人们获得新鲜、真实信息的一种需要。广告的目的性很强，或者树立企业形象，或者推销产品，其传播的商业作用比较明显。

熟悉新闻宣传和广告宣传的关系，对于做好保险新闻宣传工作很重要。由于新闻报道的公正、客观，因此其可信度明显高于广告宣传。保险新闻宣传要充分发挥自身优势，努力挖掘新闻资源，巧妙借助新闻报道，把公司在内部管理、运营机制、产品开发、社会公益、人员培养等方面的好的经验和典型广泛宣传出去，从而树立本公司积极进取、充满活力、发展前景美好的正面形象。

目前，个别保险公司只重视广告宣传，而对新闻报道有偏见。其实，新闻宣传运用好了，可以成为不用花钱的广告。国内某股份保险公司近年来把公司发展定位于满足城市白领阶层的保险需求，一方面通过内容新潮、画面时尚的广告树立公司形象，另一方面重视并通过大量的报道，把公司员工充满爱心、积极参与都市青年人社会活动的新闻发布出去，产生了良好的社会影响。

（二）保险新闻宣传工作人员和新闻媒体记者之间的关系

处理好和新闻媒体的关系，是现代政府部门和企业应当给予高度重视的。目前大部分保险公司在内部设立了宣传部或者品牌部，配备专门的人员从事新闻报道工作。保监会建立之初没有专门的新闻办事机构，相关职能由办公室综合处承担。2003 年，保监会办公厅设立了新闻处。根据几年来的工作经验，协调政府机构、公司和媒体、记者的关系，需要注意以下几个方面：

1. 建立相互支持、相互促进的朋友关系。随着现代新闻事业的发展，很多记者不甘于当一个写稿匠，而是努力深入到所从事报道的行业中去，成为这个报道领域内的专家。一些从事保险报道的记者，多年来积累了大量的行业资料，对于行业的发展逐渐形成了自己比较系统的研究和报道思路。所以，和这些记者打交道，非常重要的是要和他们一起完成一项保险业研究的事业，建立一种平等互助的朋友关系，积极地为他们的采访、研究创造各种有利的条件。

2. 坚持有理、有利、有节的工作原则。遭遇某些新闻媒体的恶意炒作，是保险机构宣传人员经常要面对的。恶意炒作的发端，大概有两种，一是追求独家或轰动效应，二是为了拉广告，借以要挟。面对恶意炒作，一定不要用所谓拿钱的方法摆平，事实是送钱便"招鬼上门"。首先要认真分析炒作的材料，研究自己是否有理，心中要有数；其次是要分析这样的报道对公司的损害度有多大，是否存在反面宣传正面效应的因素，学会充分利用其中有利的因素；再次就是要和宣传主管部门、保险监管机构、行业协会组织保持密切联系，寻求支持和协调，避免孤军奋战；最后就是要保持节制，当媒体单位人员表示对于新闻炒作的歉意之时，要积极地给予回应，对于炒作的伤害不必过分纠缠，要学会从长远考虑问题。有理、有利、有节的工作原则更像一门公关艺术，需要在新闻宣传实践中不断摸索和总结。

3. 要建立一种有效的沟通、表达联系机制，及时交流情况，化解误会，联络感情。很多情况下的宣传工作人员与记者的矛盾来源于沟通太少，交流不够。在现代社会中，当一个突发事件发生时，媒体非常希望相关单位就此立即作出反应，这种要求有其合理的一面。不论是否表态，尽量给记者做坦诚的解释。一些臆测性的报道，就是在情况不明、无人出来沟通所不得不采取的报道方式。当然，保险新闻宣传也有自己的纪律和要求，也不能一味地跟着新闻单位转，关键是宣传人员要全面准确地向本单位领导及时提供外界各种反应，科学分析各方面的利害关系，特别是要提出新闻报道的建议，积极争取比较合理的新闻宣传策略。

（三）保险监管机构和保险行业在新闻宣传方面的关系

目前，保险行业新闻主要是保险公司本身发生的新闻，以业务、管理范畴为多，在性质上表现为个别和局部；保险监管机构的新闻宣传主要侧重在政策、法规和重要会议、重要活动方面，相比较而言更具有整体性和宏观性。保监会新的"三定"方案明确指出，保监会是全国保险业的主管和监管机构。因此，保监会对于全行业的新闻宣传工作负有主管和指导责任。在具体的操作上，保监会的新闻宣传和保险行业的新闻宣传应当进一步整合新闻宣传力量，充分挖掘利用好新闻资源，既在普及保险基本知识、法律法规知识和重大宣传活动方面紧密协作、密切配合，同时又独立运作，在不同的题材、范围和角度上百花齐放，彰显个性。从 2004 年开始，保监会每个季度都要向全行业下发新闻宣传工作要点，这个要点包括新闻报道的重点、保险监管的工作重点、新闻报道的注意事项等。印发这种要点可以进一步增强新闻工作的透明度，在行业内部相互通气，增强新闻宣传的主动性。

三、树立科学发展观，以高度的政治责任心做好保险新闻宣传工作

保监会近年来高度重视新闻宣传工作，充分发挥新闻宣传的优势，在应对一些突发性事件和宣传保险业重要政策、法律法规、保险基本知识以及各类重要会议、重大活动方面，初步积累了一些经验和体会。

（一）认真学习和领会党中央、国务院关于加快保险事业发展的一系列指示精神，深刻把握科学发展观的实质，进一步坚定保险业做大做强的决心和信心

做好保险新闻宣传工作要把思想认识统一到"三个理解"上，即理解保险业加快发展的重要意义，理解保险业做大做强的准确内涵，理解科学发展观和保险业做大做强的紧密联系。

思想问题解决了，对于保险业的这些重大问题搞清楚

了，保险新闻宣传工作才能把握正确的舆论方向，才能从根本上保证新闻工作的政治性、纪律性，才能突出新闻宣传工作的大局意识、政治意识和责任意识，才能形成保险新闻宣传工作的合力，才能不出"杂音"。

（二）努力整合行业新闻宣传资源，实现保险新闻宣传声势的最大化

目前，全国各保险公司总部拥有专门的新闻宣传部门近40个，110多名新闻宣传工作人员，主办的全国、全行业性的报刊4份，公司内部刊物30余份，各种网站50多个。为了充分利用行业新闻宣传资源，形成新闻报道中的"拳头"优势，要牢牢抓住四个"关键时候"，即党和国家每一项关乎国计民生的政策出台，都要通过新闻媒体宣传保险业，让党中央、国务院和广大人民群众体察到保险业的鼎力支持；每一次突发事件降临，都要通过新闻宣传让社会各界听到保险业的最强音；每一次灾难性事件发生，都要通过新闻宣传让社会各界感受到保险业所发挥的稳定社会的显著功能和作用；每一次公益性活动开展，都要让广大群众体会到保险行业的爱心善举。

为此，每当这四个关键时候，整个保险行业要迅速启动一套新闻宣传工作反应机制，在最短的时间内制订全行业报道计划、汇集全行业报道素材、调整全行业宣传内容和形式、聚集骨干新闻报道力量，各公司所有宣传人员和宣传工具都要以此为大局，上下拧成一股绳，排除杂音，形成合力，坚决打好这场宣传战役。

（三）探索与新闻媒体合作的新形式，争取保险新闻宣传的推陈出新

1. 进一步探索指定信息披露报纸的合作方式

自 2003 年以来，保监会先后指定了 9 家中央级报纸为保险信息披露媒体，并且打破以往信息披露重信息、轻新闻的观念，把这 9 家报纸变成了刊发保险新闻的重要载体，成为保监会引人瞩目的"喉舌"。为了扩大保险宣传覆盖面，保监会 2003 年又尝试指定了 1 家重点支持报纸，通过这张报纸进一步增强了保险新闻宣传的力度。今后，保监会还要进一步增加新闻报道重点支持媒体的数量。

可以这样设想，以指定信息披露报纸为宣传核心，以重点支持媒体为外围宣传阵地，两种媒体之间可以相互转换增减，形成一种竞争态势，这对于进一步做好保险新闻宣传工作、充分调动广大新闻媒体的积极性十分有利。

2. 充分利用各种影响力大、传播速度快的新闻传播工具

一是随着中央电视台日趋"窄化""细化"的节目设置方向，积极准备，积累经验，抓住时机推出与中央电视台

合作合办的栏目，占领保险新闻宣传最有影响力的阵地。二是进一步研究新华社、人民日报、中央电视台、中央人民广播电台、经济日报、中国日报等中央主要新闻单位新闻宣传的特色和优势，寻找与保险新闻宣传的结合点，全面准确、及时有效地把保险业的新典型、新经验、新气象、新趋势报道出去。三是高度重视网络新闻报道，充分发挥网上信息传播的优势，积极扩大保险业网上新闻宣传的空间。

3. 进一步疏通保险业与各新闻单位联系渠道

一是适时组织好新闻记者"采风"活动，每次选择一个采访主题，有计划地深入保险业基层，感受保险业改革新风，洞察行业发展趋势。二是可以建立一些保险新闻记者培训基地。充分利用各公司在风景名胜区、环境优美地区的疗养、培训机构，邀请有关新闻单位的领导和记者，系统学习和了解保险基本知识，沟通思想，联络感情，加强新闻媒体对保险业的宣传支持。三是可以与社会有关部门合作联合设立"保险新闻奖"和"保险新闻记者十佳"评选活动，进一步提高各媒体记者采写保险新闻的积极性、主动性。

（四）积极探索其他宣传方式和手段，用群众喜闻乐见的形式形成与保险新闻报道的配合和呼应

如拍摄一批文献片、专题片、纪录片和公益广告片，总结保险业发展历史，记录保险业改革发展轨迹，反映保险从业人员良好的精神风貌和真实的生活经历，树立保险业良好的社会形象。重点支持拍摄、制作一些保险题材的电影或电视剧、话剧、音乐剧作品，积极引导近年来势头很旺的保险影视剧制作热潮，正面树立保险从业人员的形象，让广大人民群众从生动的故事情节中感受保险亲情。编写通俗易懂的保险知识漫画、卡通、口袋书等，制作一批文字简洁、深入浅出、印刷精良的保险知识公众免费读物，使这些免费读物进入超市、影院、学校、机场等公共场所。利用好一些社会公益活动宣传保险知识和作用。比如每年农业部、卫生部都要搞科技人员、医务人员下乡活动，这是广大农民非常欢迎的。保险公司可以利用这样的时机，通过为科技人员、医务人员提供一些服务的方式，把农业保险知识、健康险知识和针对农村、农业、农民的保险产品介绍出去。

四、增强全局意识，求真务实地做好保险新闻宣传工作

进一步做好保险新闻宣传工作，主要是要努力增强三个方面的意识。

（一）进一步增强全局意识

全局是一个相对的概念，对于一个公司的分支机构来讲，全局就是总公司、总部；对每个保险公司来说，全局就是整个保险行业；对于保险监管机构来说，全局就是国民经济和社会发展的整体。增强全局意识，就是要有整体观念，就是自觉地把本部门、本单位的工作纳入全局工作中。对于做好保险新闻宣传工作，增强全局意识的意义体现在可以形成舆论合力，形成有利的舆论环境和社会环境。虽然保险监管机构新闻宣传中监管新闻多一些，保险经营机构新闻宣传中业务新闻多一些，但是都有宣传共同话题、形成一致舆论氛围的责任。保险新闻宣传在行业内有很多共同的话题，包括保险的政策、法律法规、重要会议精神和保险基本知识的普及等。在保险业还是朝阳行业、还处在发展初级阶段的今天，增强行业意识、大局观念对于做好新闻宣传工作具有重要的现实意义。

（二）进一步增强政治意识

宣传工作无小事，必须不断增强政治敏感性，坚持用党和国家关于保险业的指示精神指导宣传工作。如何增强政治意识，首先是要把好新闻通稿的政治关。新闻通稿是保险新闻宣传的主要形式，处理好新闻通稿的内容、角度和发布时机，是保险新闻宣传工作的一门技巧。把好新闻通稿的政治关，就是要在写作新闻通稿时严格遵循正确的宣传口径，特别是不能因为宣传的是业务问题而放松了宣传纪律。比如，大连空难中犯罪嫌疑人张丕林家属提出的保险赔付问题，就是一个政治性极强的事件。如果从某个公司的业务角度说三道四，就不利于整个事件的处理，是新闻宣传政治性不强的典型表现。新闻通稿的发布时机也很重要，要和整个宣传工作的主旋律合拍。其次是要管好舆论阵地，做到守土有责。很多保险公司自己管理着报刊、网站，虽然这些载体受众面不大，影响力也有限，但切不可掉以轻心，必须要坚持政治家办报、办刊、办网站的思想，严格遵守新闻宣传纪律，防止错误思潮、言论、观点和不正确的、有违法律法规的文章出现。

（三）进一步增强辩证思维意识

做好保险新闻宣传工作，离不开辩证思维意识。辩证思维意识，有利于把握好新闻宣传的度。度，表现在很多方面，比如宣传的广度和深度，集中性和持续性，专业性和普及性等。把握好度，就是使新闻宣传符合受众的心理，遵循科学的宣传规律。辩证思维意识，有利于抓住新闻宣传工作中的主要矛盾。保险新闻宣传内容庞杂，而且专业性很强，学会抓主要矛盾，才能使宣传工作主题突出，声势明显。比如每年的"保险宣传周"，应当有计划地确定一些系列性、有内在联系的主题，今年讲保险对于经济的补偿作用，明年可以讲它的理财功能等。辩证思维意识，有利于正确对待和处理新闻危机。在现代社会，新闻危机是难以避免的。应对新闻危机的一个重要方法，就是抓住矛盾的相互转化，化不利因素为有利因素。比如一些媒体曾经对于投资连结保险引起的纠纷进行报道，这对于经营公司很不利。如何化解呢？首先，要及时、迅速做出反应。其次，要抓住个别营销人员误导的问题，指出整个公司在销售中是实事求是的，是诚实可信的。同时，对于因为误导产生的问题提出一套应对的办法，并公之于众。最后，就公司加强营销体制管理和新产品开发提出发展思路，以打消广大客户对于公司未来前景的忧虑。

综上所述，我们的新闻宣传还需要进一步创新突破，这是保险业做大做强的发展形势的需要，是保险宣传工作重要性的需要，是一种行业发展的必然要求，而且这种创新突破是永无止境的，要坚持与时俱进，求真务实，不断地向更高的目标前进。（原文刊登于《保险研究》2005 年第 1 期）

后　记

严格地说，本书不是建构一种理论体系，而是实战经验的总结。因为长期从事新闻宣传工作，对声誉风险管理和舆情处置，有着比其他人更加深刻地体会和感受。这些体会和感受，往往十分零碎，最好依托某项政策或者制度，才能有所归类，并且支脉清晰地呈现在读者面前。《银行保险机构声誉风险管理办法（试行）》的出台，使得本人的愿望得以实现，当然最关键的是两者之间有着最强的共鸣、最多的相似。

工作是一回事，把工作中的经验体会写出来是另一回事。事非经过不知难，经过大概一年多的思考和撰写，克服了不少困难，总算是完成了。恳请各位读者朋友批评指正。

成书期间，我的老母亲因病去世了。她没有看到我的这个第一本专著。仅以此书敬献给养育我、疼爱我、福报于我的母亲！

张忠宁

二〇二二年七月